イチロー実録

2001-2019

小西慶三

文藝春秋

イチロー実録 2001-2019

小西慶三

文藝春秋

目次

プロローグ

２０２０年3月24日。アリゾナ州ピオリアのとある公園に、専属通訳アラン・ターナー氏とキャッチボールするイチローがいた。

この日までにマリナーズ本拠地シアトルでは新型コロナウイルスの感染が広がり、開幕戦の延期が決まっていた。スプリングトレーニングは3月半ばに突然打ち切られ、いつもなら大勢の選手、チーム関係者やファンでごった返す球団キャンプ施設も閉鎖された。そんな異例の事態で、まずイチローが目指したのはコンディショニングの維持だった。

散歩中の中年男性が、ダイナミックな投球フォームから繰り出される速球に「高校生か？　なかなかいい球じゃないか！」と感心したような声を上げていた。まさかそのピッチャーが、あのイチローだと知ることもなく……。

彼が日本に一時帰国したのはこの日から約1週間後だ。メジャーリーグ機構が厳格な感染対策措置を打ち出し、選手たちとの接触が極端に制限された。再びチームとともに練習できるようになるのは約11カ月後の２０２１年2月下旬。その間、イチローは知人宅にマウンドを急設してもらい、そこで投げた。関係者以外とはほとんど会うことなく、滞在ホテルといくつかの練習施設を行き来する毎日だった。

2021年2月21日、イチローとターナー通訳は、同じピオリアの公園で自主トレに励んでいた。キャンプ合流直前の最終調整。強い日差しのもと、彼は新たにおぼえたナックルカーブをターナー通訳に投げ、球の出どころがどう見えるかを何度も確かめた。

イチローは「日本に（一時的に）戻ったことは大正解でした。1週間もトレーニングできないと（僕は）別人みたいになってしまうから」と話した。その日も彼は100m前後の遠投を楽々とやってのけた。足音がほとんど聞こえてこないような、軽くて切れのある走りも変わっていなかった。その肉体と技術は引退後も彼自身の大切な財産であり、若い選手たちにとって貴重な教材となるものだった。

広々とした芝生の上で気持ちよさそうに動く2人を、通りすがりの若者が見つけ「あれはイチローでしょ？　また現役に戻ろうとしているの？」と聞いてきた。11カ月前の風景が、取材者の脳裏に鮮やかに再現されるようだった。

マリナーズ本拠地Tモバイル・パークの外野で、イチローがツインズ前田健太にスライダーの握りをたずねている。2021年6月15日、チーム全体練習が始まる少し前のワンシーン。

引退から2年以上が過ぎたというのに、なぜそんなことを聞くのだろう？　そんな素朴な疑問に、彼はさも当然とばかりに言うのだった。

「だって、スライダーが（前田の球種で）一番いいボールじゃないですか」

別の日には、マリナーズ2021年開幕投手マルコ・ゴンザレスからチェンジアップとカーブを、2021年マリナーズ守護神ケンドール・グレーブマン（同年7月、アストロズに移籍）からはツーシームファストボールの投げ方を教わっていた。

「まず（どうしているかを）聞いてみて、自分で試して、いい感じだったら、それを投げます」

球団会長付特別補佐兼インストラクターの彼は現在、選手たちの練習相手として忙しい。室内ケージではバッティングピッチャーとして、強く勢いのある真っ直ぐを投げる。そこでは様々なゲーム局面を想定しながら、何種類もの変化球をおりまぜていく。実戦を模したケージ打撃は「自分が現役のときにやりたかった練習」という。

チーム遠征中にもTモバイル・パークに出向き、居残ったピッチャーたちの球を受ける。彼らのリハビリに付き合うため、キャッチャーミット、その他プロテクター一式を特注するところが「何事も徹底してやらないと伝わらない」と考えるイチローらしい。ホームゲーム前の早出フリー打撃では、軽やかな足どりで若い野手たちの打球を追う。2021年のキャンプでは、早朝から室内練習場でアラン・ターナー通訳の球を打っていた。
選手や首脳陣から相談されたとき、自分で動いて示すことで、そのアドバイスはより分かりやすくなるのではないか。誰よりも早くフィールドに現れ、現役時代と同じルーティーンを課す理由はそこにあるのだろう。「自分にしかできないやり方」で、彼は今も野球に生活を捧げている。

自分で決めたことを継続する。常識を疑う。成功体験をぶっ壊してまで、自らの感性を大切にする。信念を貫く。

それら彼のプレーヤーとしての在り方は、最後まで同じだった。「道具やトレーニングが進歩しているのに、人間が変わらないのはおかしい」と話し、本気で「51歳まで現役メジャー」を目指そうとした。他人に笑われようが、ケチを付けられようが、そこに可能性がある限り、最善を尽くすのが彼の生き方だった。
いくつもの節目でイチローは印象的な言葉を残したが、取材者として、それらコメント以上にインパクトがあったのは彼の実際の行動だった。「積み重ね」や「継続」は文字にすると合わせても10字に満たないが、そこに費やした時間は途方もない長さだ。そしてそれらの言葉は今なお実践されている。そんなイチローの日常と接しながら、彼が一番伝えたかったこととは、自分に与えられた条件下で後悔なく生きることではなかったか、とも考えた。

好きなことに出会えた者は幸せだ。そしてそこにエネルギーを注げる幸運を生かすかどうかは本人次第。だから、やれることはすべてやる——。

好きなことへの思い入れが強ければ強いほど、うまくいかない時はつらい。だが壁にぶち当たらないようなチャレンジに魅力などない。「できる限りの準備をして、それでも結果が出ないときがある。だから野球は面白い」と彼はよく言っていた。

数え切れないタイトル、華々しい記録と彼は切っても切れない関係にある。しかしその本質的な部分は、好きな野球をとことんまで究めようとする姿勢にある。そしてそれこそが、好きなことに没頭できる時代に生まれた者としての責務ではないか、と彼のここまでの歩みが教えてくれているような気がする。

2001
アメリカへの引っ越し

シアトル・マリナーズ

●

出場試合数 157　シーズン安打数 242　通算安打数 242

主なタイトル

●

新人歴代最多安打、首位打者、リーグ新人王、
MVP、盗塁王、ゴールドグラブ賞、シルバースラッガー賞

ゲームセットから30分近く経ってもイチローの顔は紅潮していた。2001年4月2日のシアトル・マリナーズ対オークランド・アスレチックスは、日本人メジャー野手が初めて迎えた開幕戦となった。

本拠地セーフコ・フィールドには4万5911人の大歓声が響き、あちこちから日本語の声援も聞こえてきた。マリナーズはイチローの渋い働きもあり、5対4で終盤の逆転勝ちを収める。イチローは「想像していた以上だった」と声を上ずらせながら、彼にとっての大きな節目を振り返った。

「間違いなく一生忘れない、最も特別な日になりますね」

初ヒットは午後9時41分。7回先頭、センター前に抜けていくゴロだった。

「何年プレーしている選手でも、開幕戦でヒットが出れば精神的に全然違います」

2本目は同点の8回ノーアウト一塁でのバントヒットだった。相手投手が打球処理を焦って一塁に悪送球し、チャンスは二、三塁へと広がる。その後、1死満塁となり、ジョン・オルルードのセンター犠牲フライでマリナーズは決勝点をもぎ取った。

「今日の打席の中で一番緊張しました。何せ6、7年近く（公式戦で）バントしてなかったですから」

数年間、バントを試みなかったのには彼なりの理由があった。

「僕がバントすれば『せこい』と思われてしまっていたでしょう。相手ベンチからも間違いなく野次られたと思う」

日本で天才打者と称された彼は、周囲が抱くイメージを意識してか、その技術を自制していた。

「野球ではそれぞれの技術が大切で、それぞれが楽しいもののはずなんですがね……」

遠慮はもういらなかった。一塁線に絶妙の具合で転がされたバントには、〝これからすべてをお見せします〟とのメッセージが込められているかのようだった。


よければお茶でもどうですか――。

イチローから連絡が入った。メジャー初打席から遡ること5カ月、２０００年11月４日の夜。飯倉片町のとある喫茶店でイチローと弓子夫人が待っていた。

すでにポスティングシステム利用申請を済ませており、彼らは契約の成り行きを見守っているところだった。

雑談のなかで「アメリカでの新しい野球すべてに期待しています。がむしゃらにプレーしたいですね」と話す彼が初々しかった。一方で、２人からの「アメリカへの引っ越し、どこに問い合わせればいいんですか？」の質問には面食らった。運転は大丈夫なのか？　食材は思うように調達できるのか？　誰もが抱く、アメリカ新生活への不安は彼らも同じだった。つい数分前の意気込んだ様子と、「引っ越し」への素朴な問いとのギャップに思わず吹き出しそうになった。

ただ確かだったのは、生活環境への不安を、本場のベースボールへの好奇心が大きく上回っていたことだろう。

12月6日、シアトルで契約を済ませて帰国したイチローは、故・三輪田勝利オリックス球団編成部長の墓前にマリナーズ入団を報告した。愛工大名電高・鈴木一朗に打者としての才能を見いだし、プロ球界に導いた恩人は、ドラフトを巡るトラブルで1998年に非業の死を遂げていた。

イチローがメジャーへの願望を初めて打ち明けたのも三輪田氏だった。それは96年夏のある日。

「かなり真剣に話したつもりだったんですが、『まあ、そんなふうに思うこともあるだろう』と軽くいなされました」

ベテランスカウトは入団後も大切な相談相手だった。同氏からの言葉は長く心の支えになっていた。96年の開幕前、ふらりと寮のイチロー部屋を訪ねてきた三輪田氏が「94年は誰も打ったことがないくらいのヒット（210本）を打った。それで去年（95年）はリーグ優勝だろう？　もう今年は遊んでたっていいんじゃないか」と言った。

「あの頃、成績は出ていたけど自分のなかでは最悪の状態だった。それが三輪田さんのあの言葉で救われた気がした。それからも何度かキツい時期がありましたが、そんなときはいつもあの言葉を思い出しました」

お線香の横に立てた3本のセブンスターはすぐ短くなった。イチローは「まるで三輪田さんが吸っているみたいですね」と笑いながら、もう1本を追加した。山麓から見下ろす神戸港の水面が、陽光を穏やかに反射している。初冬の日差しは、まるで故人の声のように優しかった。


2001年1月15日、マリナーズ球団事務所の空き会議室で約1時間、イチローとの個別インタビューにこぎ着けた。デスクと椅子、ホワイトボードが無機質に並べられた空間に、熱い言葉が何度も響いた。

――日本球界、ファンの期待、重く感じることはないのだろうか。

「期待ですか？　そんなもん、僕は毎日かけられてきましたからね……。僕は常にプレッシャーを受けてきた。その多くをクリアしてきましたし、これが初めてのこととは感じないんですよ」

――日本では別格扱いされてきた。アメリカでもそんな存在を目指すのか。

「僕は今まで自分のできることを積み重ねてきました。それを今度はフィールドで表現できれば」

――新しい生活が始まる。変化のチャンスでもある。

「新しい節目で、自分が新しくなりたいという思いはないですね」

そこまで言って大丈夫なのかと心配になるほど、それぞれの言葉にインパクトがあった。

「まわりがとんでもない、すごい選手ばかりだとしても僕は『あいつは違うから』と決して思わない。逆に僕がそう思わせてやろう、という気持ちさえあります」

発言の根拠は、できる準備はすべてやってきたという自信にあった。

たとえばメジャー行きを考え始めた96年以降、実戦はもちろんのこと、フリー打撃から意識的に独自の大きなストライクゾーンを設定していた。99年、熊本でのオープン戦では一睡もしないでプレーした。

「どんな感じになるかと思ったけど、普通にできましたね」

同年オールスターでは、意図して試合前フリー打撃を行わず打席に立った。そして最初の打席で上原浩治（巨人）のフォークをバックスクリーンへホームラン。いずれも、準備環境が激変することへのシミュレーションだった。

2月のキャンプインから3月のオープン戦までは、問題なく調整が進んでいるかに見えた。出だしから打率3割前後をキープしていたし、守備や走塁もそつがなかった。

だがイチローは打撃のインパクト時にわずかなズレを感じていた。その原因が日本人投手とメジャー投手の〝間〟の違いだと気付いたのは3月半ばだ。直ちに右足の動きを変えるなどでタイミングを調整し、3月20日アスレチックス戦ではルー・ピネラ監督からの「引っ張るところを見せてくれ」の注文にライトオーバーの本塁打で応じた。

同ゲームではこの一発に加えて、痛烈な当たりの二塁打を2本。オープン戦初本塁打に大喜びの観客席を横目に、イチローが顔色ひとつ変えずにベースを回っていく。「強い打球が飛ぶようになった」と声をかけても、「そうであればいいと思う」と素っ気ない。「次の段階に進んでいるかどうかは分かりません。まあ、進んでいればいいんじゃないの」。突き放したようなもの言いは、こと彼に限れば肯定のニュアンスだった。


メジャーリーガーとなって初めて参加したキャンプで彼は、「ザ・ブルーハーツ」をよく聴いていた。

「悲しい歌詞を悲しく歌わないのがいいんです。誰だっていつ死ぬかも分からないのに自分のしたいことができない。個性が大事だ、なんて言いながら、出てくるヤツの頭を打とうとする矛盾。そんな社会なんてクソ食らえですよ」

アナーキーな歌詞に共感するイチローから、オリックス時代中盤以降のフラストレーションが想像できた。

「僕という選手をどうとらえているか、によるのでしょうね……。日本でプレーしていたとき、僕が何かをやれば、『アイツは特別だ』という表現を多くの人がしました。まだそういうふうに思っている人がたくさんいるのであれば、僕がこちら（アメリカ）で何かをやったとしても、影響を与えることは、おそらくできないでしょう。でも、『イチローも同じ生身の人間だ、何か違っていても、それは微々たる差だ』という意識を持っている人たちがまだいるのであれば、影響を与えることは十分可能だと思います」

イチローは独創的なスタイルで、プロ野球での実績を揺るぎないものにした。そんな日本のスタンダードからかけ離れた彼がメジャーリーグで活躍した場合、それは日本球界全体の発展につながると思うか。それとも、それは単にイチロー自身のパフォーマンスが上がったというだけで完結してしまうのか。そんな質問への返答だった。

バントなどの得意技を自ら封印せざるを得ないような空気だけでなく、何をやっても驚かれない状況に苦悩していた。ファンの前向きなリアクションと高パフォーマンスの関係は、彼にとっても水と花のようなものだった。

これから主戦場となるアメリカには、ファインプレーや好打に「イチローだから当然。天才だから当たり前」ととらえるファンはいない。バントや走塁でのイチロー流スモールベースボールを、「せこい」とする声もない。数年にわたって鬱々と蓄積されていた彼の思い、技術と体力の膨大なエネルギーは、メジャーデビュー早々の爆発を予感させた。

初めてのオールスター

初ホームランは4月6日の敵地レンジャーズ戦、延長10回の勝ち越し2ランだった。この試合前、大半の米メディアはアレックス・ロドリゲスと古巣の初顔合わせに焦点を当てていた。ロドリゲスはマリナーズから10年3億5000万円の記録的契約で、レンジャーズにFA移籍したばかりだった。イチローは出場4試合目にして初の1試合4安打、しかも決勝弾まで放り込んで主役への注目をあっさり奪った。

右ポール近くへの一撃、上空で強風が渦巻くなかでの推定飛距離113m。〝被害者〟レンジャーズ抑えジェフ・ジマーマンは「あんなにパワーがあるとはね。風はあったけど驚いた」と細身の1番打者に脱帽した。

名刺がわりのパフォーマンス、「レーザー・ビーム」が飛び出したのは4月11日、敵地アスレチックス戦8回だった。マリナーズ3点リードの1アウト一塁、ライト前ヒットで一気に三塁を狙った一塁ランナーを、光線のような送球で刺した。ボールはあっという間に走者テレンス・ロングを追い越し、低く構えた三塁手デービッド・ベルのグラブに収まった。

ベルは「あの距離からあの軌道での送球は滅多に見られるもんじゃない」と興奮していた。マウンドから三塁後方にバックアップしようとしていた先発アーロン・シーリーは「三塁線を横切るときに振り向いたら、もうボールがきていた」と呆れ顔だった。マリナーズ球団専属アナウンサー、リック・リズがとっさに叫んだ「レーザー・ビーム」はその後、21世紀の日本プロ野球でも好送球の代名詞となった。

試合後のクラブハウス。シャワーをすませ、腰にバスタオルを巻いたイチローがやにわに25セント硬貨を差しだした。かすかに泥がついたコインは、外野席の敵地ファンから投げつけられたものだ。あの「レーザー・ビーム」の少し前、彼の右こめかみを直撃していた。

「痛っ、と思ったらこれですよ」

苦笑いしていたが、怒ってはいなかった。

「めっちゃ気持ちよかったな。だって、あれでシーンとなったから」

荒っぽさで知られる敵地アスレチックス応援団を、ワンプレーで黙らせた。その走攻守は、どんな言葉よりも雄弁だった。

4月24日からのヤンキースタジアム3連戦では、曲芸めいたバットコントロールで相手選手はもちろん、ニューヨークのメディアやファンにも強い印象を与えた。2戦目には先発アンディ・ペティットの地面すれすれカーブをセンター前にはじき返し、歴戦の左腕に「あのバウンドしそうな球を打たれた。今までに対戦したことがない打者だ」と言わしめた。３戦目、マイク・ムシーナからのセンター前ヒットも、決め球ナックルカーブを叩いたもの。３試合で15打数４安打と数字は地味だったが、エース級投手のウイニングショットを狙い打ち、ただ者ではないことを見せつけた。

会話を交わさなくても、その意思や技術レベルは、分かる者には分かる。５月17日、シアトルでのホワイトソックス戦４回のワンシーンがまさにそうだった。

先発左腕デービッド・ウェルズが肩をすくめ、〝何でだよ〟と言わんばかりに両手を広げていた。マウンドから三塁カバーに入ろうとした巨漢サウスポーの、唐突なジェスチャー。視線の先にはヒットエンドランで三塁に進んだばかりのイチローがいた。

２人が言葉を交わすことはない。だが数秒間、そこに流れた空気が気になった。その場面について問うとイチローは「『お前、よくあの球をカットしたな』と……僕はそう受け取りました」と答えた。「野球選手はバットとボールで会話する」とは、ヤンキース名物オーナー、故ジョージ・スタインブレナー氏の名言だ。

「そういう会話は常にゲームの中でやっています。それは打つだけでなく、走塁でも、守備でも……」

直前の３打席目。１ボール２ストライクで投じられた外角低めカーブをファウルで切り抜け、その後の三塁内野安打につなげた。この日１打席目でも内角低めカーブをセンター前に転がした後、二盗、三盗を立て続けに成功させていた。１９９８年に完全試合達成、

2000年までヤンキース3連覇の原動力となったウェルズは前年のア・リーグ最多勝投手だった。抜群の制球で知られるウェルズがその緩急をことごとく崩され、塁上でもいいようにかき回された。ベテラン左腕が思わずとった〝お手上げ〟ポーズ……試合後のイチローのコメント、それまでに起こった事実をつなぎ合わせ、あのしぐさの意味をそう解釈した。

約2カ月前のオープン戦で、イチローはホワイトソックス投手陣から「ホームプレートにかぶさって構えている」と難くせをつけられていた。3月12日、14日の同カードでは2試合続けて右腕にぶつけられた。そんなあからさまな挑発に彼は淡々と「バッターボックスは僕の領域ですから」と話しつつ、「当てにこられている、と感じたときは次の打席でいつも以上に踏みこんでいきます。なめられたらバッターは終わり」とも言っていた。だが公式戦での仕切り直しでは、そんな強い言葉を忘れさせるほどクールにカタをつけた。

振り返れば、バットとボールを介した会話は、開幕戦から始まっていたのだろう。メジャー初打席で対戦した、アスレチックス主力先発ティム・ハドソンとの駆け引きがそうだった。

身長185cmの細身、平均的な日本人選手とそう変わらない体つきの右腕。強豪オーバーン大時代まで野手を兼任していたアスリートは、躍動感あふれる投球フォームから高速カッター、チェンジアップにフォークボール、シンカーを投げ分けた。
「あんなピッチャー見たことない」。4月2日の開幕戦後、イチローは驚きまじりに感想をもらした。ハドソンはイチローに狙われていると分かったうえでそのコース、球種をこれでもか、これでもか、と投げ込んできた。その後対戦を重ねるごとにハドソンへのリスペクトが増していったのは、ライバルが自分の投球スタイルを決して曲げなかったからだった。

初対戦から15年後、イチローがメジャー3000安打を目前にした頃、ハドソンに当時の対戦を振り返ってもらったことがある。かつての好敵手は「実際に話したことは一度もなかったけど、マウンドと打席で彼と会話を交わしているような気さえした」と懐かしそうだった。

地元シアトルで初開催された、この年のオールスターには最多得票で選ばれた。球宴初出場まで数週間の取材で忘れられないのは、イチローの戸惑いとも、愚痴ともつかない本音だった。そのベクトルは、過熱する一方の周囲に向けられていた。聞いたのは前半最後のゲーム後だ。
「場所や環境が変わっても僕がやっていること、やろうとしていることは変わっていない。なのに急に持ち上げられても、という気持ちはある。こんなこと（周囲が勝手に盛り上げるブーム）を繰り返していても、絶対に質の高いものなんて生まれてこないですよ」

２００１年はキャンプ初日、オープン戦初出場、開幕戦、オールスターと節目、節目で２０００人前後ものメディアが押し寄せた。彼は基本的に自分のことが書かれたり、放送されたりしたものを見ないが、周囲の空気の変化には敏感だ。オリックス時代にも同じような狂騒は何度か経験した。

周りが盛り上がれば盛り上がるほど、彼はそこから距離を置こうとする。相手バッテリーに明らかに当てられにきている状況でも何事もなかったかのようにふるまい、それにリベンジした後も普段通りを貫く彼が、ファンと選手をつなぐはずの我々メディアにはいら立っていた。

一時的な熱狂が起こったとき、メディアが決まって欲しがるのはその主役の言葉だ。そして、その要求に際限はない。特に日本の報道陣は几帳面に、主対象のごくわずかな談話も漏らすことなく伝えようとする。

そんなサイクルに慣らされた、多くの読者、視聴者はやがて動きの美しさやそのプレーがゲームにもたらした意味、敵、味方選手や観客らの反応などから伝わるものを感じようとしなくなり、本人のコメントで何となく理解した気になっていく。そしてブームが終われば、何事もなかったかのように次の対象に興味を移していくのだ。イチローは日本での経験則から、不必要にまき散らされる言葉が感動に水を差すことを分かっていたのではないか。

——お客さんともバットとボールで会話できている、と感じるときはあるの？

米メディアの輪が解けてからそんな質問をぶつけた。イチローは「こっちのお客さんは野球が何かをよく分かっている」と言い切った。確かに、この年の彼によけいな言葉は要らなかった。


7月10日。オールスターゲームでは1打席目にランディ・ジョンソン（ダイヤモンドバックス）から一塁内野安打を放ち、盗塁も決めた。痛烈な打球に名手トッド・ヘルトン（ロッキーズ）が飛びつき、何とかカバーに入ったジョンソンにトスしたが、イチローは一瞬早くベースを駆け抜けていた。

大勢の日米報道陣で埋まった試合後の会見場。1打席目、抜けそうな打球が抜けなかったとき何を思ったのか、との質問に「そんなこと、どうでもいいです」と彼はためらうことなく言い放った。

もともとオールスターに選ばれると思っていなかったから、開幕早々に夫婦で観戦用チケット2枚を購入していた。それがファン、選手それぞれから最も多くの支持を集めて晴れ舞台に立った。両ベンチには錚々《そうそう》たる面々がそろい、誰も彼もが気軽に話しかけてきた。

快晴、微風の本拠地スタジアムをぎっしり埋めた地元ファンの「ＩＣＨＩＲＯ」連呼が高揚感をかき立てた。そこで湧き起こった感情を、いちいち説明するなんて野暮じゃないか、と。

球宴当日、取材者の目に焼き付いたのは6回、彼が一目散に一塁ベンチを飛び出したシーンだった。ナ・リーグ攻撃前、三塁付近で突然始まったカル・リプケン（オリオールズ）とトニー・グウィン（パドレス）をたたえるセレモニー。2001年シーズン限りでの引退を表明している大選手2人をオールスター総出で取り囲み、それぞれが抱き合ったり、温かい言葉で労った。

「偉大な人たちと同じラインアップに名前を並べ、同じグラウンドに立てたことがうれしい。こういう場を与えてくれたファンの人たちに感謝の気持ちが湧いています」は率直な気持ちだったろう。

「オールスターは未知の世界。これを自分の肌で、自分の体で感じることができた。何年かした後に、ものすごく大きなものとして残ると思います」

オールスターゲーム後談話は、彼にしてはオーソドックスそのものだ。しかし、「（急なセレモニーに）遅れちゃいかん、と思って走っちゃった」と笑った顔が爽やかだった。

思わずとった行動が、真夏の饗宴に招かれた喜びを、最もよく表していたということなのだろう。

シーズン後半早々、災難に見舞われた。

オールスター明けの2001年7月12日深夜、イチローは自宅近くの路上で拳銃を向けられた。球場からの帰り道で迷いに迷い、パトロール中の警官に不審者に間違えられたのだ。セーフコ・フィールドから普段なら車で20分かかるかどうかの道のりを、同夜は約1時間半も右往左往した末のハプニング。フィールド上ではまるでGPSを内蔵しているかのように正確にボールを追い、守る右翼領域を〝エリア51〟と敬意を込めて称された彼だが、実はひどい方向音痴なのだ。

その7月12日ジャイアンツ戦3打席目から同16日ダイヤモンドバックス戦5打席目まで21打席連続ノーヒットと、野球でも足踏みがあった。

一部メディアは相手の対策が追いついてきたかと報じ、疲れを懸念する声も聞かれた。だが本人は「自分で自分のことは分かっています。ただ、それを自分から言うことはありません」と淡々としていた。

結果に言い訳しない。好不調に関係なく自分の状態を語らない。

その理由を聞いたのは7月18日、カンザスシティでの試合後だった。

「プロに入って2年目くらいまでは、自分の打撃やその日の結果について（メディアに）話したりしていました。でも、そこで自分の本当の気持ちが正確に伝わらない。どうしても書き手は自分のストーリーに僕の言葉を当てはめようとするし、そんなことに意味はない。無駄だと気付いてからは、自分で自分のことをペラペラ話したりする人が可笑《おか》しく見えるようになりました。人が僕のことをどんなふうに話すか、思うか、なんて僕がコントロールできるものではない。いろんなことを噂されたりするのも僕という選手、存在を楽しんでもらっている、と思えばいいのです」

復調の兆しは7月28日ツインズ戦、イチローボブルヘッド人形2万体が初めて配られた日だった。

前夜からの雨にも徹夜組を含む約1万5000人が長い列をつくった。入場ゲートは1時間前倒しでオープン。多くの人が話題にし、何かにつけて騒ぎになる。そんな状況に「すべては見ている人の楽しみです。野球ファン総評論家でいいんです。いちいち僕が〝それは違う〟とか言っちゃうのはナンセンスでしょ」と話した。この日の主役は3安打1盗塁。そして翌29日からの10試合で3安打以上が3度、43打数18安打と安打量産ペースに戻っていった。

自分で決めたことを徹底する。コントロールできないことには距離を置く。そんな基本姿勢がこの頃から試合後談話などに色濃く現れた。

ロベルト・アロマー（インディアンス）、フランク・カタラノット（レンジャーズ）らとの首位打者争いが話題となった8月半ば、「人が絡んでくることに目を向けることはできない」と関連の質問にまったく乗ってこなかった。

「例えば誰かと打率を争っていたりするとき、知らず知らずのうちに相手の失敗を願っている自分がいたりすると、すごく嫌になる。自分ができることをやれればそれでいい。僕は長い間、タイトルというものと付き合わされてそう考えるようになりましたから」

一方で、安打数にはポジティブに反応した。

8月28日、フロリダ州セントピーターズバーグでのデビルレイズ（現レイズ）戦でシーズン200本目を記録した。新人としては1997年のノマー・ガルシアパーラ（レッドソックス）以来の大台。それも両リーグ最速到達の快挙だ。一塁上の彼は表情を変えなかったが、試合後は満足感を漂わせた。

「何か数字を挙げろ、と言われれば200安打が大きな目標でした。大きな自信になりますね」

笑みを押し殺しているようにも見えた。

1994年に日本で初めて200本の壁を破ったときを振り返り、イチローが「何もかも全力でやる。へばっても自分からは休まない。この1年を今後の大きな指針にする決意だった」と話したことがある。2001年も「同じ考え方です。とにかくすべてをやり切る。アメリカでの物差しをつくるために」と臨んでいた。

94年以降、「200安打」はイチローを象徴する記録となっただけでなく、生活全般を含めた指針になった。開幕後は起床から就寝までの行動ほぼすべてを習慣化し、心と体の安定を目指した。遠征先でのランチ、試合後の夕食は2001年夏までに数パターンに絞られていた。丹念な準備とその積み重ねを厭《いと》わない彼の特質は、シーズン200安打と強固に結びついていた。

全米が同時多発テロに揺れた9月11日。地区優勝マジック2のマリナーズは遠征先アナハイムで公式戦一時中断の知らせを聞いた。いつゲームが再開されるかが不透明な状況でイチローが最初にとった行動は、エジソン・フィールド（現エンゼル・スタジアム）外周ランニングだった。彼の継続力、心のスタミナの源泉を聞いたのは、その日の夜。「僕は幸せな人間。不幸な人間は、何の苦労もなくやりたいことができてしまう人のこと。それでは（克服の）喜びがない」。ほどなく公式戦が再開し、マリナーズは9月19日にすんなり優勝を決めた。

イチローが「リーダーシップ」について話したのは9月21日、遠征でのアスレチックス戦後だった。

「〝さあ、行くぞ〟とか元気に声を出すとかは誰でもできる。皆で仲良く、というのも高校野球まではある程度必要なのかもしれない。でもプロのレベルでは、どんなにプライベートで仲が悪くてもグラウンドでひとつになればいい。何も言わず体で示すのは難しいことですが、僕はそれがチームを引っ張る、ということだと思っている」

マリナーズは公式戦最多に並ぶ116勝を挙げ、地区シリーズではインディアンスを3勝2敗で下した。イチローは同シリーズ20打数12安打。4戦目で勝ち越しタイムリーを放つなど、公式戦同様に大きく貢献した。

しかしア・リーグ優勝決定シリーズで対戦したヤンキースは、その上を行く大人のチームだった。同シリーズは1勝4敗と完敗。メジャー1年目最後の試合となった10月22日、それは彼の28度目の誕生日だった。

「これだけ素晴らしいシーズンを一緒に送ってきた仲間です。1年を通じて本当にいいムードだった。仲間と感じられる人が多かったので、最後（ワールドシリーズ）を迎える前に終わったのが残念」

ロッカー前で話を聞いていたとき。内外野の便利屋チャールズ・ギブソンが挨拶に訪れ、彼の耳もとで何事かを囁《ささや》く。込み上げる思いをこらえているかのように、イチローの声が掠《かす》れた。

「ヤンキースは特別な試合で普通にプレーできる。これが彼らの一番の武器でしょう。決して特別なことを仕掛けてくる訳でなく、相手を考えさせたり、相手を勝手に変化させてしまう」

リーグ優勝決定戦でのマリナーズは、普段なら中継プレーに入らないような内野手が突然外野からの送球をカットしたり、と細かいところから浮足立っていた。敗退が決まった第5戦でイチローは、米国ではそれまで守ったことがないレフトに就かされた。それらの敗戦をなぞりながら、ヤンキースの戦いぶりに自分が目指す理想を重ねていたようにも聞こえた。

11月12日、新人王受賞の知らせはニューヨーク州クーパースタウンで聞いた。日米メディアによる合同電話会見に応じた場所は、アメリカ野球殿堂博物館のオフィス。「9年間、日本でプレーしてきたことを考えれば、新人と呼ばれて照れくさい部分もありますが、過去のどの選手に対しても同じ扱いだったことを考えると、メジャーの（器の）大きさというか、プライドを感じます。僕にとって新人王は『とらなくてはいけないもの』と思っていたので、知らせを聞いてちょっとホッとしています」。前日夜ニューヨーク入りし、早朝から片道5時間かけて聖地にやってきた。後に館長となるジェフ・アイドルソンの案内で館内をめぐり、資料保管庫ではベーブ・ルースのバットに触れた。アメリカとベースボールをいっぱいに感じながらの小旅行、その最中に届いた吉報だった。

リーグMVP受賞は11月20日午前10時過ぎ、マリナーズ球団職員からの電話で知った。

「ちょっと考えられないですね。嬉しいです。もう計り知れない……」

11時前につながった電話から、高ぶりが伝わってきた。

「こちらに来る前のことを考えればとても信じられないですよ」

アメリカへの引っ越しについて尋ねられたときから、ちょうど1年が経っていた。

「タイトルは、欲しいと思うと逃げていくもの。まあ、それはタイトルに限らないものなのかも知れませんが」

史上2人目の新人王とリーグMVP同時受賞は積み重ねと準備、途切れない集中力の結晶だった。新たな戦場での戦い方を確立し、イチローはメジャー2年目に入っていった。

2002
本拠地のブーイング

シアトル・マリナーズ
●
出場試合数 157　シーズン安打数 208　通算安打数 450

主なタイトル
●
ゴールドグラブ賞

2年目キャンプ初日の2月20日、イチローが「変わらない」宣言をした。

「成績が良かった次の年は相手がよく変化する。でも、それに合わせて自分も変わることが一番怖い」

史上2人目となるMVP&新人王同時獲得プレーヤーの、威勢のよい言葉を期待していた日米メディアは肩すかしを食った。

「宣言」の背景には、彼がただ一度自分から変わろうとした、1995年の経験があった。210安打で日本球界に衝撃を与えた翌シーズンのこと。「もっと強い打球を打ちたい」とバットの握り方を変え、重い負荷での筋力トレーニングに励むようになった。60kgがせいぜいだったベンチプレスで100kg以上を軽々上げるようになり、フリー打撃での飛距離は伸びた。それでも彼は求めた感覚が見つからないという意味で、95年以降の数年間を「深刻なスランプだった。成績が出ていなかったらそのまま消えていた」と表現した。シーズン半ば、オフにつけた筋肉が落ちてくると皮肉にも打撃成績は上がり、95年以降も首位打者タイトルは続いた。その当時の周囲は、本人の苦悩が何か分からないままだった。

2002年キャンプ5日目には、ファン感謝デーのホームラン競争に、前年37本塁打のブレット・ブーンらとともに飛び入り参加。決勝で元ロッテのピート・インカビリア（当時パドレス傘下）を打ち負かして優勝し、リードオフマンらしからぬパワーを見せつけた。

一方で、オープン戦では甘い球をわざと見送って投手有利カウントでの打撃精度を高めようとしていた。

1年目から変わったことは、この意図的な2ストライクからの打撃シミュレーションくらいか。「バッターは実際のゲームで追い込まれた状況がすごく多い。そこでどういうことができるかで、頼れる選手かどうかが分かれてくると思う。そういう状況を自分で設定してやってみなければ、と」。3月終了までの28安打中、実に15本が2ストライクから打ったものだった。

5月26日のオリオールズ戦で、出場47試合にして21回目のマルチヒット、打率3割6分3厘でリーグトップに立つ。前年より約1カ月も早い打率1位到達で、2001年のライバルたちはまだ全員が10位以下。周囲はイチローが「変わらない」どころか「さらに進化した」と受け止め、一部米メディアは1941年テッド・ウィリアムズ以来の4割打者誕生を話題にするほどだった。

彼の言う「変わらない」部分がやっと分かりやすく現れたのは、6月2日のオリオールズ戦だった。初めて3番を任され、シーズン初の4安打。そのすべてがバント安打を含むシングルヒットだった。

試合後、1番と3番の違い、打順に応じた打撃について問われた彼はこういいなした。

「プレーヤーとしてのタイプまでは変わりません。変われ、と言われて変われるのなら変えてもいいけど」

――バントヒットで「変わらない」意思を示したかったのだろうか？

「自分の意思を示したとかではなく、あの場面で（ヒットになる）可能性が高いと思ったからやったまでです。打順が変わったからと、自分のやることまで変わらないです」

そして、オリックス時代の失敗を思い出すかのように続けた。

「3番と1番、日本にいたときも同じです。いわゆる3番や4番の遠くへ飛ばそうというバッティングでは、捨てることがたくさん出てきてしまう。それは僕の場合、バントや進塁打であったりするわけです。僕はいろんなところにポイントがあるバッターですし、遠くへ飛ばそうとなれば当然それらのポイントは限られてくる。従来の3番や4番という役割に合わせようとしてしまうと、イチローがイチローではなくなってしまうというわけです」

ただ、好調イチローと対照的に、チーム成績は下降線をたどっていく。公式戦史上最多タイの116勝を記録した前年地区優勝球団は中盤から失速、エンゼルスとアスレチックスに追い抜かれ、プレーオフ進出を逃してしまう。その要因には、マリナーズベンチの工夫の無さがあった。

一例を挙げると、イチローが一塁に出て次打者がフルカウントまたは3ボール1ストライクというケースで、二塁へスタートという作戦を乱発。この明らかな傾向をつかんだエンゼルスのマイク・ソーシア監督は、勝負どころでそのスキを突いてきた。イチロー出塁後、2番打者が空振りしやすい球を投げさせ、捕手ベンジー・モリーナの強肩で刺す。そんなシンプルな対策が、重要局面で面白いように的中した。

盗塁死には牽制死も含まれた。前年まで塁上で相手守備をさんざんかき乱してきたイチローが、味方2番打者の技術と意識、そしてベンチワークに懐疑的になることで、よけいな重圧を背負ってしまっていた。

それについて彼が話したのは、5月25日のこと。シアトルでのオリオールズ戦1回、一塁上のイチローは、次打者のフルカウントで牽制球に引っ掛かった。2―3で競り負けた試合後、彼は「あれはまず（刺された）自分が一番悪い」と認めつつ、「でも、ずっと最近のことが頭にあると、どうしてもいいスタートを切らないと、と考えてしまう」と珍しく口をとがらせた。この試合でシーズン7度目の1試合3安打をマークしたチャンスメーカーが、むしろ問い詰められるような雰囲気だった。

7月28日のエンゼルス戦では、地元で初めての屈辱を味わった。0―0で迎えた8回ノーアウト一塁の場面で、イチローはバント失敗。併殺こそ免れたが走者を進められず、2死後、今度は自分が一塁から飛び出して挟殺された。超満員の本拠地観衆からブーイングが起こる。

「僕個人にとってのワーストゲーム。これだけチームに悪い影響を与えたことは僕の記憶にはない」

試合後の表情は硬く、青ざめていた。

「必ずできることを失敗するのは一番自分に腹が立つ。してはいけないミスをすることは、打てる球を打てなかったこととは全然違うので」

この年の敬遠27個はリーグ1位。相手はイチローを避け、マリナーズの大味で「変わらない」弱点から切り崩してきた。8月18日ヤンキース戦ではロジャー・クレメンスから2度も敬遠された。いずれも2死二塁の場面で、次打者は2度とも見逃し三振。一方のヤンキースは、7回1死一塁から、左翼手の緩慢な動きを見た一塁走者がレフト前ヒットで一気に三塁を陥れた。本来マリナーズが目指すべき野球を格上チームにしてやられ、イチローは「スキを見せるからそうなる」と、もどかしそうだった。

前年から急低下したのが、盗塁成功率だ。01年は盗塁56に対し失敗が14。この年は盗塁31に対し失敗が15。日米通算8割以上の成功率を誇る彼にしてみれば異常な落ち込みぶりだ。打撃も夏頃から停滞した。打率3割2分1厘はリーグ4位、安打数208はトップのアルフォンソ・ソリアーノ（ヤンキース）に1本届かないまま、2年目のシーズンを終えた。

それでも最終戦後、こう言い切った。

「やれるだけのことは全部やった。手を抜いたことは一度もないし、そうしようとした自分、準備ができた自分がいた。それは誇りに思っています」

イチローの「変わらない」大切なものは、探究心と向上心だった。

「バッティングは失敗が前提なので、上手くなろうという気持ちを失うことがない。その逆で、数字やタイトルを目標にすると、そこに達してしまったときに目標を失いやすい」

そう語ったのは9月12日、遠征先のレンジャーズ戦後だった。

「モチベーションは純粋に自分の中から生まれてくるもの。ほかの人やチームの状態によって左右されるものではないです」

生身の人間である以上、敵も味方も、そして自分も、状態は一定ではない。変わってはならない絶対的なものは、野球に真正面から向き合う姿勢だ、と聞こえた。

苦しい闘いのなかで、今後につながる経験則も手にしている。夏前から感じていた打撃タイミングのわずかなズレ、上半身の動きの固さを解消するには、下半身の使い方、力の入れ具合を調整すればいい――周囲は日米連続首位打者が8年で途切れたことを残念がったが、本人の優先度はそれほど高くないように思えた。

ただ、1年目はメジャー野球のスケールの大きさと競技者へのリスペクト、充実した環境などを好意的に受け止めていた彼が、この年から日本野球の細やかさやチームプレーの大切さを口にすることが増えた。だがそんなイチローの声や思いがルー・ピネラ監督ら首脳陣に通じることはないまま、マリナーズはこのシーズンを境に、長い低迷期に入っていく。

2003
連続200安打の難しさ

シアトル・マリナーズ
●
出場試合数 159　シーズン安打数 212　通算安打数 662

主なタイトル
●
ゴールドグラブ賞

2003年4月下旬。イチローは自ら監督室のドアを叩き、この年から就任したボブ・メルビン監督にこう告げた。

「僕を1番で使わなくてもいい。8番や9番で使いたかったらそれでもいい。何ならマイナーに落としてもらっても構わない」

その頃、彼の打率は2割5分を切っていた。後に直言の真意をこう明かした。

「監督はすごく選手に気を遣ってくれる。そんな監督に気を遣わせたくなかったこともある。それに、ほかの選手から『なぜまだイチローを使っているのか』と言われたとき、僕がそういう気持ちでいるのを知ってでも1番で使い続けている場合と、そうでない場合では、チームへの影響が大きく違ってくるので」

2002年オフ、ルー・ピネラ監督がチームを去った。1990年代からシアトルの顔として君臨していた前任者に対して、メルビン監督はそれまでメジャーで指揮を執ったことがない。選手時代の実績も地味な41歳の青年監督とチームの関係を、イチローは気にしていた。

だがメルビン監督はその後もイチローを1番で起用する。5月に入ると打撃は復調、オールスター前には一時打率リーグトップに立った。前年地区3位だったマリナーズも、前半戦は首位を走っていた。

6月15日のブレーブス戦は、両リーグ最高勝率チームの直接対決として米メディアに注目された。イチローはグレッグ・マダックスから内野安打2本に3盗塁を絡めて2得点、9回2アウト二塁の右翼守備では右中間へのライナーを走り込んで好捕し、チームは2－1で競り勝った。「僕はすべてができてなんぼの選手」という言葉通りの活躍は、ブレーブスの名将ボビー・コックスを「あれがイチローの野球なんだろう。グレッグは今年一番の出来だったが」と唸《うな》らせた。

この試合後、イチローが「僕のなかでは（今日のゲームで）あれが一番大きなプレーだった」としたのは、勝ちを確定した9回のキャッチだった。「あの場面では通常なら頭の上を（打球が）越えられないように、深く守るのが基本ですが、それではあの打球には追いつけなかった。テレビで見たバッターの印象、スイングの特徴と（9回に登板していた味方投手の）球とかを考えて、センター寄りに3、4歩動いていた。それが最後に大きかったですね」。複数安打と3盗塁、全得点に絡むという、数字に表れる部分以外にも、その存在感は際立っていた。

6月17日、地元でのエンゼルス戦で、チームは貯金を同年そこまでで最大の25に積み上げた。イチローは1、2打席目に連続でライトオーバーの本塁打を放つなど4打数4安打。4度の得点イニングすべてに絡み、8－4での快勝に貢献した。

「今日の場合はどのプレーも無駄がない。ただ、こんな結果のときは余韻にひたったりすると、その先にロクなことがない。もうこの時点で終わっていることですし、早く明日になってほしいですね」

イチロー起用の正しさを証明したメルビン監督に、後にこの頃について聞いたことがある。彼はこう振り返った。

「監督室に来て『休みがほしい』という者や、自信を失っているなと感じさせる者はたまにいる。でも、自分から『好きなようにしてほしい』と言ってきた選手はイチローだけだ。ただ、あのときの最善策は、それでも彼の名前をオーダー表のてっぺんに書き続けることだったがね」

このメルビン監督とのエピソードに始まり、2003年のイチロー取材では「本物の自信とは何か」ということを、よく考えさせられた。

たとえば5月16日のタイガース戦で、メジャー通算500安打を達成したときの反応がそうだった。通算354試合目での達成は戦後最速。しかし、本人は「特に区切りの数字じゃない。だから特にない」と質問を寄せ付けなかった。単なる通過点なのか、と聞いても「そういうチープな言い方もイヤだ」と取り付くシマもない。この日のランチ、行きつけのピザチェーン店での雑談に思い当たることがあった。

「去年、208本ヒットを打っても『なんで首位打者を取れなかったのか』と言われた。なのに、なぜ500本に意味を求めようとするのですか？　そこに矛盾はないですか？」

日米8年連続で獲得していた首位打者が途切れた2002年オフ、11月の日米野球に先立って行われた主催新聞社のインタビュー。そこで受けた質問が、約半年経っても引っ掛かっていたのだ。「やれることはすべてやってきた」という自信と、自分に正直でいたいという気持ちが、500安打到達時の反応に表れていた。

「僕も、みんなが思っているように思えばいいのかな？」

イチローにとってヒット1本は、すべてを野球に捧げた生活の賜物だ。それは、周囲と本人の感じ方のギャップをよく表す、皮肉を含んだつぶやきだった。

シーズン100本目を6月18日エンゼルス戦で刻んだ後には、珍しく「自分との戦い」について話した。

「結果が出せないときにどんな自分でいられるか、が一番大事になります。たとえば1打席目に結果が出ないと『今日もダメか』という気持ちになりがちです。でも、そういう苦しいときに絶対に諦めない姿勢が、何かを生み出すきっかけになる。実際にそういうとき、どんな自分が現れるのかを確かめます。決して諦めない自分を感じたときは気持ちがいいし、何よりその自分が頼りになります」

162試合の長丁場で、状態の良い日は数えるほどしかないという。対戦相手の手ごわさ、層の厚さは日本時代と比べものにならない。そんな逆境で最後に信じられるのは自分だけ、という意味だった。

「逆風は嫌いではないです。あった方が僕としてはありがたいかもしれない。どんなことも逆風がないと次には進めないから」

日本にいたときからいつもピンチと正面から向き合い、粘り強く乗り越えてきた。延々と続くその繰り返しが彼の自信を育み、強くしてきた。

メジャーで初めて6打数ノーヒットだった7月22日ツインズ戦後には、苦笑いでこう言った。

「6打席ダメで、7打席目にどういう自分でいられたのか。今までになかったことなので、せっかくなら（ノーヒットのまま）7打席目がほしかったね」

どんな打者でも7割近くが失敗に終わる打撃で、常に最高の結果を期待される彼の言葉は、決して強がりには聞こえなかった。

初夏にいったん上向いた打撃は、オールスター後に再び下降した。8月の打率は4月をさらに下回り、2割4分2厘。前半戦を地区首位で折り返したマリナーズは、イチロー以外の主力打者まで調子を落とし、アスレチックスに逆転されてプレーオフ進出を逃した。

3年連続200安打は史上3人目、56年ぶりの快挙だ。9月20日アスレチックス戦で記録。試合後、神妙に胸のうちを明かした。

「結果が出ず、その原因が分からなかったとき、どうしてそうなっているか分からないときは不安になりました。実際に（２００安打が）近づくにつれ、早くそれを成し遂げたいという気持ちが湧いてきます。それを抑えることは今の自分には不可能だったし、メンタルな部分がどれだけ肉体に影響するかをすごく感じました。シーズン初めに『２００』という数字を頭に置きますが、それがいかにタフなことかと今回よく分かった。簡単に口にできないな、という思いも強いです。ただ、個人としては最高の目標なので、言葉にできないくらい嬉しいですね」

そう言ったものの、表情が緩むことはなかった。

８日後、３年目のシーズン最終戦を終えた。３年連続「２００安打&１００得点&30盗塁」の同時達成は、１８９６年ウィリー・キーラー、１９１７年タイ・カッブ、１９２２年ジョージ・シスラーといった伝説の選手たちに並ぶものだ。しかし、その当事者が「（自分への）怒りやプレッシャーで吐き気がしたり、息が苦しくなったりした。過去にはなかったことなので、自分でも驚いています」と告白し、囲み取材の空気は重くなった。

異変が生じたのは、「２００安打が見えてから」だったという。昨年、一昨年も２００安打を達成しているが、という問いかけには「それが続けることの難しさですよ。今のように言われることはすごく心外。軽く言わないでほしい、という感じです」と手厳しかった。

誰よりも安定してヒットを打ち続けているため、見ている側にはさほど高くないハードルに思えても、イチローにとっては毎日身を削る思いで積み重ねた２００本だった。それは

「なぜ首位打者を取れなかったのか」と同じくらい、気分を逆なでされる言葉だったのだろう。

この年、松井秀喜がヤンキースに入団し、日本の野球ファンやメディアの関心はシアトルからニューヨークへ移った。生真面目に大勢の報道陣に毎日対応する松井と、通りいっぺんの質問にはなかなか答えてくれないイチロー。何かと比べられた2人だが、イチローを追い続けた取材者として、彼の気難しさばかりが強調されていた気がする。

空気を重くしてまで自分の弱さを公言できるのは、それを恥ずかしくないと思える自信があるからではないのか。定型文めいたメディア用コメントを口にすることなく、自分にとって意味があるか、ないかを大事にする姿勢は、それだけ取材者側に誠意を持って相対していることの表れでもある。それらをうまく伝えられないのが、ただただ歯がゆかった。

だがアップダウンの大きかった3年目は、イチローの核となる部分をさらに強くしたのではないか。今思えば、それは翌2004年シーズンの大爆発の伏線だったのではないか。

2004
チーム不振が続くなかで

シアトル・マリナーズ
●
出場試合数 161　シーズン安打数 262　通算安打数 924

主なタイトル
●
シーズン歴代最多安打、首位打者、ゴールドグラブ賞、
コミッショナー特別賞

冷めたトーンに、爆発の兆しは感じられなかった。

２００４年、イチローのオープン戦打率が4年目で初めて4割を超えた。出場22試合で24安打。そのうち5試合は2打席目までに交代していた。それでも本人は、まるで他人事のようだった。

「オープン戦の成績なんて、そんなものは何にもなりませんよ。ゼロではないにしても、大きな意味を持つものではない」

公式戦になると投手の仕上がりや配球が全然違うと、以前から聞いていた。過去3年間、誰よりも多くのヒットを積み上げた彼なら、オープン戦の好調は驚くことでもないか――こちらも特に気に留めないまま、キャンプは終わった。

開幕後もイチローがメディアに大きく取り上げられることはなかった。

4月は前年に続いて打率2割5分前後をさまよったが、それよりもチームの低迷に地元米メディアの関心は集まっていた。マリナーズは開幕5連敗に始まり、勝ちパターンを確立できないまま、5月終了時点で借金12を抱える。１９９０年代後半からプレーオフ争い常連だったチームの非常事態。現状分析や中長期的な戦力の見直しが、シアトルメディアでの主な話題だった。

イチローは5月に入ってから復調したものの、むしろ負け続けるチームでの孤軍奮闘が目立つようになる。象徴的だったのは5月のヤンキース戦。同カード6試合で12安打、29

打席で15度も出塁しながら、たった2度しかホームを踏めなかった。

5月14日、ニューヨークでの試合で三塁に進んだときは、アレックス・ロドリゲスから「一緒にプレーしようぜ。うちのセンターをやってくれよ」と、同情まじりの誘いをかけられた。イチローはスター軍団を相手にただ一人存在感を示したが、「今はヤンキースがどうだ、とか言えません。それぞれの立場がありますから……」と寂しく言うだけだった。

5月21日、地元でのタイガース戦で日米通算2000安打を決めたときも控えめだった。到達までに要した1465試合は川上哲治の1646試合を、30歳212日での達成は榎本喜八の31歳229日を大きく更新。だが試合後、本人の口調は重い。

——1000本目までと、そこからの1000本を比べられると思うか。

「積み重ねた数は同じでも、そこに至るまでの環境や自分の状態、心も体もまったく違っています。単純に比べられませんね」

——まだ技術的に伸びると感じているか。

「それはないでしょう。自分の形ができてしまってからも、技術が目に見えて上がっていくというのは僕にはありえない。仮にそこで飛躍的に技術が伸びたとしたら、今まで何をやってきたのかということになります。今、自分が上手くなっているとはまったく思わない。もっと上手くなりたいけど、残念ながらそうではない。ただ、ここまで自分を高めることはできたと思っていますが」

ポジティブな話題は少なかったが、その後の爆発の手掛かりもあった。日米通算2000安打の直前、マリナーズのポール・モリター打撃コーチがこう語っていた。モリターは通算3319安打で、この年の夏に殿堂入りした大打者だ。

「イチローはいろんな人に、ひとつのスタイルだけが良いのではなく、いろんなスタイルがあることを教えてくれている」

マリナーズ首脳陣はキャンプから「四球による出塁の重要性」をチーム全体に説いていた。なるべく多くの球数を相手に投げさせ、ヒットではないかたちでの出塁をもっと狙え、と。だが、モリターは開幕後、なかなか調子の上がらないイチローに「キャンプで言ったことは忘れていい」と伝えた。

イチローはもともと、ヒットにできると感じた球なら早いカウントでも打ちにいく。この特長が開幕当初、チーム戦略にブロックされたかたちになっていた。それがモリターの助言で足枷《あしかせ》が外れ、初夏の気温上昇とともにヒットは増えた。結果的にこの年のイチローは、初球打ちの打率4割5分2厘、1ボールからは5割を残すことになる。

最初に大記録の予兆が見えたのは、5月31日ブルージェイズ戦だった。この試合で3安打し、2001年8月以来となる2度目の月間50安打をマークした。

「えっ、僕はもう2回もやったの？　前のことは忘れてました」

このときはまだ、無邪気に笑っていた。

「そりゃ、悪い気はしないです」

2001年の達成時はマリナーズが地区優勝に向けて勢いに乗っていた。その3年後、チーム状況は一変している。

「1年目は、思い切りやるしかない状態で最後まで行ったシーズンでした。それと同じ数字が4年目で現れたということで、(自分のなかでの)価値はまったく違うものになります」

オールスターファン投票の最終中間発表では、リーグ外野手部門4位。その1週間後、最終週に松井秀喜(ヤンキース)を辛うじて逆転した。前年まで3年連続両リーグ最多得票だったイチローが、監督推薦、選手間投票いずれにも漏れた松井と約3万6000票という僅差だった。選出の報にも笑顔はなく、その重みを噛みしめているようにも見えた。

「ファン投票で、とは考えてもいなかった。過去3年よりも驚いています」

前半戦終了時点でのチーム借金22は、オリックス時代を含めてキャリアでワーストだ。マリナーズ本拠地の平均観客動員数は前年比で5000人以上も落ち込み、全米中継ゲームは激減。そんなチームから、ただ一人選ばれた。

「これだけしっかり見てもらっている。すごく誇りに思うし、ただ出場するだけではない」

やや表情が和らいだのは、選手間投票3位を知らされたときだ。

「いやあ、今年は僕が(自分に)入れない限り、(得票が)ないんじゃないかと思っていました」

自虐で照れくささを隠そうとしていた。


ヒューストン開催となったオールスターでの注目は、ナ・リーグ先発ロジャー・クレメンスとの再戦だった。引退を撤回し、アストロズで現役復帰した41歳の大ベテラン。この年の前半戦も10勝3敗、防御率2・62と好成績だったクレメンスに対して、イチローは通算20打数2安打と圧倒され、6月の交流戦でも3打数無安打と良いところがなかった。

「もう対戦することはないと思っていました。今年のインターリーグで対戦して、またオールスターでも……僕にとっては大変なおまけみたいなものですよ」

オールスター第1打席は、その難敵に強烈な一打を見舞った。3球目、内角カットボールに少し体を引きながら叩いた。打ってから一塁を回っても、一切スピードを緩めない。

「可能性としてはそっち（三塁打）だったからね。とりあえずいかないとね」

打球は右翼ポール手前で弾んだ。二塁打だ。あと少しで先頭打者ホームランという当たりだった。

「カットボールを予測していなかった分だけ詰まってしまった。（ホームランにならず）ちょっと残念ですが、いい思い出になりますね」

晴れ舞台で、しかも地元の大ヒーローから痛打したというのに、それでも悔しそうにしていたのがイチローらしかった。

マリナーズの不振により、フラストレーションが溜まる一方だった前半戦。オールスターゲームの後、ややおどけながら、自嘲含みで話した。

「シーズンなんて、（オールスターの）ああいう空気の中では忘れてます。忘れたい、いや、忘れさせてくれ、かな……」

2日後には、9連敗中、借金22のチームに戻らなくてはならない。後半戦の目標を尋ねられ、真顔になった。

「どんな状況でもモチベーションを失わないことですね」

オリックス時代と併せ、消化試合が長く続く状況を、イチローはそれまで経験したことがなかった。

前半戦終了時点で安打数は119。残りは76試合だった。まだジョージ・シスラーの名前や、年間最多安打記録「257」という数字を口にする者はいない。

少なくとも彼を追うメディアのほとんどはクレメンスからの二塁打が、4年目のハイライトになると思っていた。

体とバットを線に入れる

歴史的なシーズンとなる2004年を振り返るうえで、イチローの言う「体とバットを線に入れる」ことに触れておきたい。

これは彼独自の表現で、自らの打撃感覚を言語化したものだ。取材者なりの解釈では、投球の軌道に沿うようにレベルスイングし、捉えたボールとバットができるだけ長く接しているような状態を作ること。そこには、バットをしならせることでボールに力を伝え、打球方向をコントロールするという感覚も含まれる。

毎年、この感覚を得るために開幕から数週間を要するが、2004年は「体とバットを線に入れる」までの作業を5月初めには済ませていた。その頃にはチームの「なるべく多くの球数を投げさせる」という方針からも解放され、順調にヒットを重ねていた。そして7月初め、ほぼ完成していた同年の打撃感覚をさらにグレードアップさせる出来事があった。

全体練習の開始前、イチローはベンチ裏ケージでティー打撃を行う。その最中にふと右足を引いてバットを構えると、これまでと違う視界が開けたという。閃《ひらめ》いたイメージに体を委ねてみると「体とバットを線に入れる」感覚がより鮮明になり、自然に足幅が狭まった。

それまでのフォームでも結果は出ていたし、感触も良かった。それなのになぜ、新しいかたちを試したのか。返答はこうだ。

「結果が出ているからこのままで大丈夫、と思っていれば、今の自分はないです」

足幅の狭いスタンスに連動し、立てていたバットが寝るようになった。本人の記憶によれば、それは小学校時代のフォームに酷似していたという。新フォームでは以前に比べて「なかなかバットのヘッドが出てこない」という実感もあった。

フォーム変更によって、イチローは以前にも増して投球をギリギリまで見極められるようになった。打ち損じが減り、ヒット量産ペースは加速。7月最終週、イチローの爆発はもう誰にも止められなくなっていた。

7月29日のエンゼルス戦では、4年目にして初めて1試合5安打を記録した。この日を含めた10試合で49打数27安打。その間、4安打以上が3度もあったが、本人は平然としていた。

「結果は特別。でも、そこ（打撃の状態）で感じているものは特別ではない。なぜ打てているかが分からないようでは、プロの世界で結果は出せません」

今はボールが止まって見えるのでは、という問いには「止まっていないものが止まって見えるのは明らかに特別でしょう。僕には（ボールが）常に、それもやたらと動いて見えるけど」。呆気にとられる周囲を見渡し、楽しそうに笑った。

その2日後、7月最後のエンゼルス戦では1点を追う9回に剛速球クローザー、トロイ・パーシバルから同点ホームラン。初球、甘く入った真っすぐを強振するとエンゼル・スタジアムの歓声が止んだ。大きな弧を描いた打球に右翼手ホゼ・ギーエンは一歩も動かない。この一打で、1936年ジョー・メドウィック以来となるシーズン2度目の月間50安打をマーク。そして延長11回にも、この日3本目のヒットを記録した。

オールスターと、前半戦で唯一の休養日もあったため、26試合の出場に留まったなかでの7月月間51安打。この頃からイチローのプロ意識が言葉にこぼれるようになった。

「勝ちを楽しみにできない状況では、ファンの楽しみはそれぞれのプレーになる。(個人記録に注目されることは)いつも意識している。応えないわけにはいかないでしょう」

敗戦続きの暗い空気を遮断し、彼にしかできないことにフォーカスしているようにも見えた。

「チームが勝てないと(自分の貢献に)意味がないということではない。自分の成績が良ければそれでいいというわけでもない。それぞれが別のものとしてとらえています。ただ、自分が打てなくてもチームが勝てば嬉しい、なんてあり得ない」

チームの勝利を目指すプレーは大前提だが、その上でそれぞれが期待に応じた結果を残さなければならない。さもなければ、自分の居場所はなくなる。——プロアスリートの本質を鋭く突く談話だった。

8月以降もイチローは打ちまくった。通算3319安打で歴代トップ10に入るポール・モリター打撃コーチでさえ、その爆発力に驚きを隠さなかった。

「あれだけいろんな技術を持ち、安定した打者が好調期に入ると、ものすごいことになるものだ」

このシーズンは1年を通じて体の張りがなかなかとれず、むしろ万全ではなかったというから怖ろしい。いったん最適解をつかんだイチローに、体調の良しあしはさほど関係ないようだった。

8月3日、オリオールズとの敵地ダブルヘッダー1試合目で5打数5安打したときは、発熱中だった。西海岸から東海岸への移動による時差ボケもあり、前夜は一睡もできず。本人から「アメリカに来てから最悪の体調だった」と打ち明けられたのは、同日の夕食時だった。1試合目で同年初めて打率リーグトップに躍り出たイチローは、2試合目に先発から外れた。そのボブ・メルビン監督の采配を「なぜ絶好調のリードオフマンを使わないのか。不可解だ」と断じた当時の拙稿には、今でも顔が熱くなる。イチローは2試合目も、代走から途中出場してショート内野安打を記録した。

「負けているチームだから、とモチベーションが下がる選手がいる。でも、そういう選手は状況に言い訳を求めて逃げている」

あの日、ボルティモアの気温は35度を超えていた。日本の夏を思わせるような蒸し暑さのなかで、彼はいつもと変わらないスピードで一塁を駆け抜けた。

「5万ドルをもらったら、5万1000ドルの仕事を心掛けないといけない。もらっているもの以上の仕事を心掛ければ、その仕事は長続きする」

8月5日の3安打で170本目。残り54試合、ついにジョージ・シスラーの大記録「257」が射程圏に入った。それまでの1試合平均1・59安打を続ければ、最終戦で256安打となる。直近22試合で102打数51安打のペースアップに、アメリカのスポーツメディアもざわつき始めた。

ヒット1本への強い執着が言葉に表れることもあった。8月6日デビルレイズ戦、第1打席。ライトへの打球は右翼手の手前でショートバウンドしたが、これをアウトと判定された。これには「あり得ない。同じグラウンドに立っている者として恥ずかしい」と激しい言葉を吐いた。

「ホームランが二塁打になったのではない。たとえ今年300本打ったとしても、あの1本をアウトにされたのが悔しい。これが消えることは永遠にない」

反対に、ミスジャッジでアウトがヒットに変わる場合もあるだろう。だが、そんな一般論は通じない。イチローの強さと独善は、背中合わせの関係だった。

そんななか、8月18日の敵地ロイヤルズ戦では、2打席目に頭部死球を見舞われた。新人右腕ジミー・セラーノの速球が右後頭部を直撃。打席で倒れ、そのままベンチに下がった。

試合後、心配する声には「あの球を当たらずに避けることができたら、たぶんストライクが来ても打てない」と言った。

「当たったとき？　意識はありましたが、ふらついて立てなかった。まあ、ハッピーじゃないね」

球場を出たあとは行きつけのステーキハウスで遅い夕食をとった。アクシデントに遭っても普段通りに過ごそうとした。そんな強気の行動が翌日の雨天中止を呼び込んだのか、1試合も欠場せずに2日後の敵地タイガース戦を迎えることができた。

第1打席。カウント1－1から左腕ネイト・ロバートソンの外角低めスライダーを叩き、三遊間深い位置への内野安打。この日は試合前練習が悪天候でキャンセルされていたため、死球後、初めて一塁までダッシュした。このときはまだ、頭がグラグラしていたという。当時、ビール小瓶1本で顔が真っ赤になっていたイチローが、こう振り返った。

「最初はビール4本飲んだ感じ。走っていると3本、2本、1本と抜けていく感じでした。それでも最後までシラフになれなかったけどね」

恐れるものはなかった。左腕相手にしっかり踏み込んだ右足。そして一塁への疾走。イチローはその先にある、未知の領域へと加速していった。

セーフコ・フィールドに上がった花火

最下位チームのたった一人の戦いが、消化試合を熱くしていた。

「僕たちプロは勝つため〝だけ〟にやっているわけではない」

その言葉の意味を、何度も思い知らされた、8月下旬からの数週間だった。

カーテン・コールに初めて応えたのは、4年連続200安打をホームランで決めた夜だった。8月26日、シアトルでのロイヤルズ戦。9回先頭打者での初球、左腕ジェレミー・アフェルトの真ん中低め156kmを叩いた。その日の最後の打席を見届けようと残っていた、3万人以上もの地元ファンが立ち上がって手を叩き始めた瞬間、バックスクリーン右へ弾丸ライナーが飛び込んでいく。数分後、大歓声とチームメイトに促されたイチローがベンチ前でヘルメットを掲げていた。

「どういうこと? 打ったときのバットじゃないよね? 図々しいけど面白いヤツだな……」

試合後、被弾したアフェルトが「サイン入りバットが欲しい」と話したのを日本人メディアから伝えられ、楽しそうに言う。打った者だけでなく、打たれた者もその1安打が球史にかかわる実感を共有し始めていた。

8月28日のダブルヘッダー2試合目に30個目の盗塁を決め、20世紀以降では初となる新人から４年連続２００安打&30盗塁。この日の２試合４安打で、５月、７月に続き８月の50安打以上も確定した。最終的に８月は自己最多、メジャーでは66年ぶりの月間56安打。公式戦31試合を残し、前年の２１２安打に並んだ。

２カ月連続50安打、そして同一シーズンで月間50安打以上が３度――これはメジャーリーグ公式記録を専門に扱うＥＬＩＡＳ社が２日以上かけても、いつ、誰が達成して以来で、史上何人目なのかを探し出せなかった。記録を扱うプロもイチローに追いつけないなか、「月間50安打記録の専門家」を名乗る人物まで登場した。マリナーズ広報部に電話で資料提供を申し出たのは、カリフォルニア州在住の記録マニア、デービッド・ステファン氏だ。その資料によれば年間３度は史上初、史上最多は月間67安打でタイ・カッブが２度、トリス・スピーカーが１度マークしていたという。

カッブやスピーカーが活躍した１９１０年代から20年代は変化球の種類も少なく、飛ぶボールが導入されたことで打撃成績全般が一気に向上した時代だった。ファウルをストライクに数えたり、３バント失敗で三振になることがルール化されるなど、現行の基本ルールが定められた時期とも重なる。

「それっていつの時代の記録ですか？　当時と今ではルールも違っているだろうし、もし僕がひと月で67本も打てたら野球やめちゃいますよ」

そうおどけたイチローだったがその約１世紀後、２００４年７月18日からの29試合で67

安打を放っていた。「実はあなたも実質的に、ひと月で同じ本数を打っている」と教えると、急に考え込む顔になった。

「それはアツい。だいぶ……アツいですね」

終盤戦はイチローの打率がマリナーズの勝率を上回るという珍現象も見られた。9月2日には初の月間MVP獲得。決定は敵地ブルージェイズ戦プレーボール直前だったため、受賞を知らないままシーズン30度目の1試合3安打をマークした。

「負けているチームから選ばれないルールがあると思っていました。そうでなくて安心したわ」

5月、7月の50安打ではいずれも選ばれなかったが、プレーオフ進出に最も大事と言われる8月に、それも低迷チームからの選出だ。この時点で打率は左右投手別、敵地、得点圏、デーゲーム、ナイターの各部門でリーグ1位。スカイドーム（現ロジャース・センター）周辺では、ブルージェイズ発行の公式プログラムの表紙にイチローが大写しになっていた。

9月4日、シカゴでのホワイトソックス戦では異例のスタンディング・オベーションを受けた。9回1アウト一塁からライト前ヒットで5打数5安打とした直後、敵地ファンから総立ちで拍手を贈られた。

「どうすればいいのか、ちょっと困りましたが嬉しかった」

一塁上で、遠慮がちにヘルメットをとった。この試合は先発左腕マーク・バーリーから1、2打席目で内角球を流し打ち、3打席目は5つの球種をことごとくファウルした末の10球目、突然サイドスローから投げられたスローカーブをライト前に巧打した。バーリーは4打席目にセンター前ヒットを喫した直後、「生まれて初めて」キャップをとって降参ポーズ。ホワイトソックスのブルペンで待機していた高津臣吾は「人の考えを超える技術を持っている。打たれないようにするには、対戦しないことしかない」と真顔で話した。

イチローの挑戦をくさすような記事も出てきた。スポーツ専門局FOXのHPは「いい選手だがMVPにはふさわしくない」とのコラムを掲載。このコラムの執筆者は過去にも「イチローは過大評価されている選手1位」と書いたライターで、「両翼を守る外野手にしては長打力が低い」との持論を展開した。これには「野球は単なる力のゲームではない」「長打の見栄えより確率の高い選手を選ぶのは当然」と反対意見が多く寄せられ、同局は翌日にそれらを載せる特例措置をとったほどだった。

「いろんなことをやったらやったで、喜んでくれる人たちがいる。その一方で、〝失敗しろ〟と思っている人たちも、多分たくさんいる。そんなマイナスの期待が僕にとってはアツいんです」

9月9日からのレッドソックス4連戦では、一、二塁間と三遊間を極端に狭めた〝イチロー・シフト〟が試された。同13日からのエンゼルス、アスレチックスとの10試合では両チームが首位を争っていたこともあり、計5度も敬遠された。大詰めで立ちはだかったこれらいくつもの壁も、「こういう状態でプレーできる人は限られている。自分のチームがめちゃくちゃに勝っている中で同じ状況になることよりも、ひょっとしたら幸せなのかもしれない」と受け止めていた。

「野球はドキドキできるから面白い。実際につらかったり、苦しかったりするときもあるけど、そういう気持ちがなければドキドキできない」

そう聞いたのは、9月24日のランチ後だ。レンジャーズ本拠地球場に近いカフェ。9月半ばから骨盤に違和感を覚えていたが、いつも通りのふるまいで周囲に悟らせなかった。あらゆる種類の注目と逆風をエネルギーに換え、イチローは金字塔への距離を着実に縮めていった。

ジョージ・シスラーの257安打まであと2本に迫った、9月29日アスレチックス戦後の夕方。イチローはサンフランシスコの鮨屋で仰木彬氏と会食していた。この日、仰木氏の2度目となるオリックス監督就任が一部スポーツ紙で報じられた。かつての恩師のイチローへの眼差しが、とても眩《まぶ》しそうだった。

「また（オリックスを）盛り上げるのに、何かいいアイデアがあるやろうか」

そんな仰木氏からの問いに、イチローが答えた。

「大阪ドームを『タコ焼きドーム』に改名すればいい」
「鈴木一朗」を「イチロー」として生まれ変わらせたのは監督じゃないですか、とでも言いたげだった。いたずらっぽい笑みに、大記録を目前にした重苦しさは伝わってこなかった。

そして、10月1日がやってきた。
「どうやって自分が反応していいのか、確かに難しかったです。そこはもう自分の感情に任せました」

1打席目にレフト前ヒットを放って257安打に並ぶと、セーフコ・フィールドの左翼席後方から何発もの花火が打ち上げられた。2打席目のセンター前ヒットで258安打とし、再び大量の花火が上がる。立ち込める煙の中、84年ぶりに新記録を樹立したイチローはダグアウトから飛び出してきたチームメイトらにもみくちゃにされた。
「これだけ負けたチームにいながら、最終的にこんなに素晴らしい環境の中で野球をやれている。勝つことだけが目標の選手なら不可能だったと思います」

一塁側最前列の席では、シスラーの長女ら親族が穏やかな笑みでイチローをじっと見つめていた。孤独な戦いに勝ったヒーローは込み上げる思いを抑えて駆け寄り、「シアトルまでわざわざ来ていただいてありがとうございました」と礼を述べるのがやっとだった。

2005
不調と葛藤

シアトル・マリナーズ
●
出場試合数 162　シーズン安打数 206　通算安打数 1130

主なタイトル
●
ゴールドグラブ賞

イチローがアメリカ野球殿堂を訪ねたのは、262安打達成から約1カ月半が経った11月19日。野球の聖地への旅は、2001年オフ以来だった。

メジャー1年目に242安打で新人最多記録を更新した際、野球殿堂から記念のバットの供出を要請されたが、断っていた。その後悔を晴らし、新たに何かを野球殿堂に提供できる機会を待っていた。

「自分の道具をここに入れてもらえることなんて、そうそうない。今思えば、声をかけてもらえるだけで大変なことでした」

殿堂資料保管庫では「最後の4割打者」テッド・ウィリアムズのスパイク、「56試合連続安打」ジョー・ディマジオのグラブ、「球聖」タイ・カッブのバットを手にとった。262安打特別展示コーナーの前では、たまたま課外授業中だった地元高校生たちの握手攻めに遭い、盛大な拍手を浴びた。案内役のジェフ・アイドルソン副館長（当時）がつぶやく。

「違う国で生まれたイチローが、アメリカの野球に与えた影響は本当に大きい」

2004年のイチローは262安打に到達する過程で、何人もの伝説を追い越した。ファンの想像力を彼らの時代に引き戻すという意味で、イチローは野球史のタイムマシンとして機能した。新たな2005年シーズンではまた、いつの時代に導いてくれるのか。キャンプ前からウィリアムズ以来の打率4割、ディマジオの56試合連続安打の更新を期待する声が聞こえていた。

オープン戦では前年以上に打ちまくった。3月21日ロッキーズ戦で4打数4安打し、打率5割7分5厘へ上昇。13試合連続安打で、その時点での三振はゼロだった。

3月24日ブリュワーズ戦では、オープン戦にもかかわらず敬遠された。

「イチローでなきゃ勝負していたよ。接戦のままにしておきたかったし、(勝負しても)結果は分かっている」

敵将ネッド・ヨスト監督は諦め口調だった。それまでオープン戦を通じて5度しか空振りしていないイチローを、ベンチ入り当落線上の右腕ベン・ヘンドリクソンがどう抑えるというのか。イチローも「しょうがない。打たれる可能性は高いし」と、他人事のように相手監督の言葉をなぞった。

開幕後も好調は続き、4月は自己最高となる打率3割5分6厘を記録。さらに5月は守備、走塁でも印象的なプレーを見せた。

5月2日、シアトルでのエンゼルス戦では、ギャレット・アンダーソンの本塁打を壁際の好守で奪い取った。見送れば右翼席最前列に飛び込んでいたはずの大飛球だ。

「普段から考えていた。これまでなかなか機会がなかったけど」

助走をつけて右足でフェンスを蹴り、体を宙に浮かせる。右手をフェンス上部にかけて滞空時間を稼ぐ。グラブにボールを収めたまま着地したイチローにファンはどよめき、ひと呼吸置いて大歓声を贈った。

5月15日のレッドソックス戦では、「急停止」で驚かせた。一塁走者イチローは次打者の右翼線二塁打で一気に生還を狙ったが、本塁の2mほど手前でボールは捕手ダグ・ミラベリに渡る。次の瞬間、イチローは突然足を止め、捕手がバランスを崩して前のめりになったところを飛び越えようとした。

「(三塁) コーチが手を回していたし、僕は行かざるをえない。でも、みすみすアウトになることはない」

判定はアウトだったが、試合後にミラベリはタッチがなかったことをほのめかした。

しかし、肝心の打撃は5月半ばから下降した。キャンプ初日に「もう(打撃での)探し物がない」と自信を漂わせていたイチローが、6月12日ナショナルズ戦でついに打率3割を切った。

「気持ちがいいものではない。でも、3割を切るのはなかなかの刺激」

予期せぬスランプに動揺したのは、本人よりも周囲だったのかもしれない。

「(担当記者を) それだけ長くやってきて、そんなこと聞きますかね」

同じ日の囲み取材で、そんな強烈なカウンターを食らった。質問はたしか「不調の原因はつかんでいるか。だとすれば対策は何か」だった。

後日、分かったのはイチローが打席での始動の遅れを不調の原因と見定め、この頃から本格的な修正に取りかかっていたことだった。彼がもともと自分の状態について語らないことを知っていながら、しかも打席での変化に気づけないまま質問したことを反省した。

思えば4月最後の試合を終えたとき、高打率に「イメージよりも、欲を言えば高すぎる」と謎めいたコメントを残していた。当時、その言葉を深く受け止めたメディアは自分を含めていなかったが、その裏には「感触がしっくりきていないのに結果が出てしまうと、問題に気づけない」という意味が込められていた。

「(冬の) 長いオフのブランクがあると、本来の感覚やイメージがまだ完璧には戻っていない。そんな状況での結果が誤差によって出たものか、そうでないかを見極めるのがすごく難しいのです」

不調のなか、6月14日にシアトルでのフィリーズ戦でメジャー通算1000安打に到達。ライトフェンス直撃ヒットの後、地元ファンの総立ちの拍手に、一塁上でイチローは葛藤を抱いていた。

「迷いましたが、今の成績でやるべきでない……というか、応える勇気がなかった」

拍手に応じず、やり過ごした。

「日本で1000本打ったときも、『ヒットは重ねるたびに難しくなる』と言った記憶がある。それは、こちらで1000本打っても変わらない。野球、特に打つことが簡単になることはない、と感じています」

打撃の感覚は状況や体調によって変わり、彼の高度なセンサーをもってしても変化に気づけないときがある。バッティングが生き物であることの怖さを、再認識したシーズンだった。

首脳陣との野球観の違いも、苦しみに拍車をかけた。良き理解者だったボブ・メルビン監督は前年オフ、契約を1年残したままチームを追われた。後任のマイク・ハーグローブ監督とそのコーチ陣とは、はじめから相性が悪かった。

5月、フェンウェイ・パークのダグアウトで、あるコーチがイチローの試合用グラブに腰かける「事件」があった。日本球界に比べてアメリカでは野球道具を大切に扱う意識が低い。とはいえ、熟練のグラブ職人が丹精込めて作製し、自分の手足のように扱っていた道具を粗末にされれば、不信感が募るのも自然だろう。

8月8日のツインズ戦では、突然の「1球目は打つな」指令に困惑した。相手先発のカルロス・シルバはボールを微妙に動かすことでゴロの山を築き、少ない球数で投球イニングを重ねる投手だ。

「あれだけどんどんストライクを投げてくるピッチャーに対して、1球目を見送っていては調子に乗せるだけ」

その後、監督とは何度か話し合ったが、納得には至らなかった。

9月23日、敵地タイガース戦では不可解な送りバント指示が出た。同点の終盤、ノーアウト一塁で、バントの構えからあっという間に2ストライクに追い込まれた。最後は右前に転がし、勝ち越しのランナーを三塁まで進めたが「あの場面でバントのサインは信じられない。2ストライクになって（逆に）すごく楽になった」と本音がこぼれた。

イチローは左打ちだが、左投手を苦にしない。この時はサウスポー相手で、2番以下はジェレミー・リード、ラウル・イバネスと、左が苦手な左打者が続く。さらにリードは右手首故障で万全ではなかったというのに……。

それから4日後のレンジャーズ戦では、両チームともプレーオフと無関係の状況にもかかわらず3度も敬遠された。レンジャーズ捕手ロッド・バラハスが笑みを浮かべながら説明する。「イチローと（2番）リード、どちらが良い打者かは、聞かなくても分かるだろう？」

5年連続200安打は160試合目、シアトルでのアスレチックス戦で出た。右方向への速いゴロが、二塁手の差し出したグラブのわずか下をくぐり抜けた。5月以降の苦労を象徴するような、渋いヒットだった。

ファンの祝福は、1年前の年間最多安打記録達成時に比べてぐっと控えめだった。塁上のイチローはヘルメットをとって短く声援に応え、一塁コーチと握手を交わすときに、少し表情を緩めただけだった。

5季連続で打率3割、30盗塁、100得点を達成した。だが全日程を終えた日も笑みはない。最終戦の試合前にひとり、外野でルーティーンを行ったときの光景が心のしこりになっていた。

「今のチームをよく表している。(どんな状況でも)ちゃんと開幕戦と同じようなアプローチで臨めるかどうかが、その選手の価値を示すと僕は思っていた。それが、いつものようにウォームアップしている選手を見つけることができなかった。そんな様子を見て『お前ら何やってんだ』と注意する人(コーチ)もいなかった。ゲームも覇気を感じられないまま負けました。そんな試合を3万5000人ものお客さんが、お金を払って見に来たんです」

12月15日、仰木彬氏が逝去した。

苦しいことばかりだったこの年のオフから、イチローは自ら大きなプレッシャーを求めていくことになる。

その最たるものが、翌2006年に開催される第1回ワールド・ベースボール・クラシックへの参加だった。

2006

WBC

シアトル・マリナーズ

●

出場試合数 161　シーズン安打数 224　通算安打数 1354

主なタイトル

●

両リーグ最多安打、ゴールドグラブ賞

攻めの姿勢が道を開く。

２００６年はそんなイチローの行動原理がよく現れたシーズンだった。

「僕が僕自身に重荷を課す年なのではないか、そういう覚悟を持った年だったと思います。いつかそういうことをしなければ、とは以前から考えていた」

1月4日放送のテレビドラマ『古畑任三郎』シリーズに犯人役で出演したのも「いろんなかたちで自分を追い込んで、それらをクリアできるかどうか」のひとつ。そして、3月に開催される第1回ワールド・ベースボール・クラシック（ＷＢＣ）参加も同年の大きなチャレンジだった。

「シーズンもしっかりやれる自信があるから出る。それで結果が出なかったら自分の力不足、ダメだったらそこまでの選手だったということ」

イチローはＷＢＣ参加の決断を、準備や道具と自分の関係になぞらえた。「結局、完璧な準備なんてないのです。それはバットの話と同じこと。あれだけ素晴らしいバットをつくっていただいて、それでも打てなかったら、それは自分がそこまでの選手だったということです。ここまで5年、メジャーでプレーして、その6年目にこういうイベント（ＷＢＣ）がきた。それはもう、出る運命だったということです」

メジャーリーガーも多数参加する、初めての世界規模トーナメント。大会運営も手探りで出場選手への負担は大きかったが、決意は固かった。

「大会の価値はこれから自分たちがつくっていけばいい。１００％でなければ結果が出せない選手では問題がある。たとえ70％の仕上がりであっても、やらなくてはいけないのがプロ野球選手ですから」

ＷＢＣでのイチローは、２つの人格が同居しているかのようだった。

彼にとっての当たり前を続けるイチローと、意図して日本代表を鼓舞しようとするイチロー。前者は、たとえば全体練習初日のウォームアップだ。いきなりトップスピードで走り出したイチローに他の選手たちは驚き、発足したばかりのチームの空気は引き締まった。それ以外にも周到な準備や用具の手入れ、手を抜かない練習姿勢など、彼の日常は若手野手らに影響を与えた。

後者は「イチローの変身」として受け止められた。初めての練習試合開始前、野手ミーティングで「本気で行こう。これは調整ではない」と檄を飛ばす。ベンチで声を張り上げ過ぎて、かすれてしまう。練習試合の敗戦に、あからさまに悔しがる……緊張感が、自然と日本代表に生まれていった。

「向こう30年、日本には手が出せないな、という勝ち方をしたい」

合宿初日会見での抱負が韓国代表を刺激し、物議を醸した。発言は韓国を意識したものではなかったが、あえて弁明しなかった。結果的にこのコメントは、大会を盛り上げるスパイスとして作用した。

東京ドームでの第1ラウンドを2勝1敗で通過した日本代表は、3月12日にエンゼル・スタジアムで第2ラウンド初戦・アメリカ戦を迎える。

試合前の全体練習。日本代表がアレックス・ロドリゲス、デレク・ジーターら、アメリカ代表の威容に圧倒されそうになっていたことを察したイチローは、野手陣を外野に集めて言った。

「力の差はないから見下ろしていけ。今日を歴史的な日にしよう」

そして1回表、自らライトスタンドへ先頭打者ホームラン。試合はボブ・デービッドソン球審による「世紀の大誤審」もあってサヨナラ負けしたが、スター軍団と互角に戦った日本代表は自信と結束を手にした。

試合後、ロサンゼルス市街の和食店。

「ホームランのあと、ずっと下を向いて我慢していたけど、ベンチでみんなの顔を見たら『うぉー』ってなっちゃった」

イチローはそう言って、うまそうにビールを飲んだ。

続くメキシコ戦に勝利も、3月15日の韓国戦に敗れたことで準決勝進出が厳しくなった。敗戦後、三塁側ベンチ裏通路。イチローは大きな溜め息とともに「僕の野球人生で最も屈辱的な日です」と絞り出した。

だが翌日、メキシコ代表がアメリカ戦で番狂わせを演じ、日本代表に準決勝進出の切符が転がり込む。この日、ロデオ・ドライブで高級腕時計「オーデマ・ピゲ」ブランドの限定モデルを衝動買いしていたイチローは照れくさそうに話した。

「何事も前向きに行動することが可能性を生むんです。そう勝手に感じました」

攻め続けたリーダーの思いが、土壇場での奇跡を呼んだのかもしれない。

大会3度目の顔合わせとなった準決勝・韓国戦は上原浩治の力投、福留孝介の代打2ランもあって快勝した。

「勝つべきチームが勝たなくてはいけない。そのチームは当然、僕らだと思っていた。今日負けることは、日本のプロ野球に大きな汚点を残すことと同じですから」

決勝では総力戦の末、10－6でキューバを破り、優勝をもぎ取った。

「野球人生で最高の日です」

年下の選手たちにシャンパンを浴びせられながら、イチローは弾けた。

「素晴らしい仲間たちとやれて本当に嬉しい。僕が盛り上げてもらった。このチームで（メジャーの公式戦を）やりたいくらい」

２００６年のチャレンジ、第1章が完結した瞬間だった。

第2章のテーマは「最低でも」過去5年に匹敵する成績を残すことだった。

シーズン中の談話の端々からは、WBCチャンピオンの一員としての責任とプライドが感じられた。前半戦は89試合すべてに出場して打率3割4分3厘、129安打、27盗塁。オールスターには2年ぶりにファン投票で選ばれた。

「世界一になった国から出なくてはいけないと思っていました」

日本人では唯一の選出で、選手間投票ではリーグ外野手部門1位。2001年から6季連続出場はアレックス・ロドリゲス（ヤンキース）とマニー・ラミレス（レッドソックス）を合わせた3人だけ。その2人が東海岸の人気球団に所属し、一方のマリナーズはこの年も波に乗れていないことを考えれば、イチローの存在感は突出していた。

7月26日のブルージェイズ戦では、メジャーでの通算安打数が日本での1278本を超えた。日本で要した試合数より54も少ない、897試合目のことだった。

「（到達の）スピードが大事です。こちらでは『どうせ日本の記録だろ』と軽い感じで受け取られたりすることがある。だから、『そうじゃないよ』と示すにはいいこと」

続く「僕の基盤は日本にある」という言葉に、力がこもっていた。

WBC優勝後、マリナーズキャンプに合流したイチローに、仰木監督について聞く機会があった。2005年12月に恩師が逝去したとき、オリックスの球団葬に出席しなかった理由を彼は、「監督が（もし亡くなっても、葬儀に出ることを）望んでいなかったのを知っていたので……。その気持ちを大事にしたかった」と語った。

２００５年公式戦が終わり、日本に帰国したイチローは11月に恩師を見舞っている。

「人間、死んだときくらい盛大に、というのが普通でしょう？　でも監督がそういうふうにしてほしくなかった、というのは、生きている間に（仰木監督が多くの人に）愛されたからではないですか」

ＷＢＣ期間中のプレーを、彼は「監督に見ていてほしい」と思っていた。「今の自分が、ある覚悟を持って（ＷＢＣに）臨んだ。そうなったのは、おそらく仰木監督のもとでプレーしたからです。監督から学んだことは、野球選手としてのものだけではないですから」

〝学んだもの〟は、ＷＢＣでの言動を見れば分かる、ということ？　そんな取材者のしつこい振りに、彼は「そこにヒントはたくさんあります」とだけ言った。


だが順調な前半戦が終わると、８月は月間打率２割３分３厘と低迷。１試合３安打が１カ月以上出ない時期もあった。この頃は原因不明の湿疹に悩まされ、マッサージを受ける時間や回数も明らかに増えていた。

６年連続２００安打は９月16日、ロイヤルズ戦で達成。「重かった。やっと解放されました」と、久しぶりに晴れやかな顔になった。

「１８０本目から１９０本目までの間が一番しんどかった。（毎年２００安打を重ねても）

強い自分にはなれない、むしろ自分の弱さしか見えてこないですね」

2つの大きな壁を何とか乗り越え、その心身はすり減っていたが、シーズン224安打は両リーグ最多だ。WBC初代チャンピオンの一員としての、そして自身のプライドを何とか守り切った。

重圧の渦に自分から飛び込んだ2006年は、新たな人間関係が生まれた年でもあった。濃厚な時間を共有した日本代表メンバー。その何人かとはメールや電話などをかわすようになったが、最大の収穫は王貞治監督との出会いだろう。

常にハイレベルな結果を期待され、それに当然のように応えてきた者だけが知る苦しさ。究極の打撃は存在しないと分かっていながらも、その境地を探し続けなければならない立場――取材者には、仰木彬監督がイチローの才能を開花させ、プロとしての在り方を教えた恩人ならば、王監督は限られた者同士にしか分からない苦悩を打ち明けられる、メンターのような存在に映った。

イチローが王監督に心酔していくきっかけは、一本の電話だったという。WBC出場を伝えるため、関係者を通じて入手した王監督の携帯電話番号にかけたとき。非通知の着信になってしまったにもかかわらず、「王です」と本人が出た。

「すごくないですか？　普通そんなことありえないでしょ」

おおらかで、人を疑うことのない本物の自信。やるべきことに真っすぐ取り組んできた人の風格と品格を、「世界のＯＨ」とともに過ごした約１カ月で強く感じた。

イチローが翌年以降、自らを特別な選手であると自覚するようになったのは、この出会いがあったからではないか。そして彼は、かつての王監督と同じように未踏の高峰に向かっていくのだった。

2007
美しさの追求

シアトル・マリナーズ

●

出場試合数 161　シーズン安打数 238　通算安打数 1592

主なタイトル

●

両リーグ最多安打、オールスター MVP、
ゴールドグラブ賞、シルバースラッガー賞

「対戦を考えると、すごく興奮してくる」

2007年1月10日、神戸での自主トレ公開日。イチローはレッドソックスに加入する松坂大輔について、そう熱く語っていた。

7年越しの対決が実現したのは、4月11日のフェンウェイ・パークだった。ESPNやUSAトゥデイなど、米主要スポーツメディアが2人の対戦を数日前から特集。日本ではイチローの第1打席がNHK『おはよう日本』内で中継され、瞬間最高視聴率15・4%を記録した。

だが、プレーボール直後に松坂が投じたのは力いっぱいの直球でも、1999年の初対戦でイチローを翻弄したスライダーでもなく、カーブ――捕手ジェイソン・バリテックのサイン通りに投げられた初球についてイチローは試合後、苦笑していた。

「ちょっと……冷めました」

アメリカで、投手と打者の個人対決にスポットライトが当たるのは珍しい。舞台は整った。そこで示すべきは、互いの心意気じゃないのか――。イチローのつぶやきには4打数ノーヒットの結果よりも、物語の作り手としての悔しさがにじんでいたように思えた。2人の日米での対戦をすべて目撃してきた取材者にとっても、どう形容すればよいのか分からないメジャー初対決だった。

イチローが自分のプレーを「作品」と呼ぶようになったのも、この2007年あたりからだった。

同年取材ノートには、自分の一つひとつの動きが第三者の目にどう映るかを意識したコメントや、「冷めました」のように、感じたことをそのまま表した言葉が増えていた。

キャンプでは「(自分のプレーは)美しくないとイヤだ」と話した。見たいと思わされる外野手は誰か、と聞いたときの答えはこうだ。

「(ケン・)グリフィー(・ジュニア)がそういう選手だったと思います。トータルで、バランスよく表現できる人でしょう。僕は力強さとか大きさにインパクトを感じない。日本では秋山(幸二)さんがきれいでした。僕とは違うかたちで美しさを表現されていたと思います」

柔らかい動きの大切さは以前も口にしていたが、それを「美しさ」とまで踏み込んで表現したのは初めてだった。

美しくないものは見ない。そんな発言があったのは6月17日、ヒューストンでのアストロズ戦。交流戦で、投手が打席に立つことについて話したときだった。

「ファウルが飛んでくるかもしれないので見ざるをえない。でも、目に入れるのがすごくイヤだ」と顔をしかめた。

「(試合前の打撃練習でも)ピッチャーが打つところも絶対に見たくない。下手なものを見ると(自分の動きに)影響する可能性がある」

この日の取材で、イチローがプロ入り後、金属バットの打球音を嫌い、高校野球やソフトボールのテレビ中継を意図して見なかったことを知った。プロでも下手な外野手の守備は、なるべく視界に入れないようにしていたという。彼は常に「作品」の素になる感性を大事にしていた。

なぜ、独自の美意識を公言するようになったのか。本人から聞いたことはないが、2006年WBCで一緒だった王貞治監督の存在が大きかったのではないかと思った。常に最高の結果を求められる者としての苦悩、価値観を王監督と共有できたことで、イチローは自らの感性に自信を深めたのではないか。

出場66試合にしてリーグ最速でシーズン100安打に到達、7月1日にはファン投票で7年連続のオールスター出場も決まった。

「日本での数字（7年連続）に並ぶことは目標のひとつだったのでホッとしています。（ファンからの支持は）僕にとって最も大事なもの。常に見られているという意識は、僕からは外せない」

オールスターは7月10日、サンフランシスコのAT&Tパークで行われた。1番センター、イチローのハイライトは5回の第3打席に訪れる。内寄りの速球を完璧にとらえた直後だった。

勢いよく上がった打球に、球場がどよめく。ボールは右中間フェンス上部を直撃、そこで一気に加速したイチローに再び大歓声が注がれた。

「(スタンドまで)行った、と思ったのに……疲れちゃって大変ですよ、イヤな球場ですねえ」

ライト線方向に跳ね返ったボールを、右翼手グリフィーが追う。その間、イチローは伸びやかにダイヤモンドを駆け抜けた。オールスター史上初のランニングホームラン――。スイングからホームインまでの約16秒間は、イチローの代表作のひとつになった。

彼は以前、オールスターの価値を「あの日が終われば何事もなかったようにはかなく消えてしまう。でも、一瞬で消えてしまうからこそ、尊さのようなものがある」と話していた。

しなやかに、そして力強く三塁を蹴った一瞬が、その言葉と見事にシンクロしていた。

3安打2打点。第1打席はファーストストライクを狙ってライト前にクリーンヒット、第2打席は外角低めの変化球をサード後方に落とす巧打だった。

「どれも作品という感じです。いっぱいいっぱいのヒットはない。これまでの6年間とは違う自分がいることを、オールスターでも感じることができました」

この夜は試合終盤に抜け出し、市街の老舗イタリアンレストランに駆け込む予定だった。メジャーのオールスターでは初出場選手はともかく、常連組なら試合途中での早退が珍しくない。だが、イチローはＭＶＰ獲得が濃厚な状況にもかかわらず、午後10時30分のラストオーダーを優先しようとした。結局は顔なじみのア・リーグ役員女史に「本当に帰ったら、誰かを捕まえに向かわせるわよ」と半ば脅されるように足止めされ、渋々と日本人初のMVP表彰式に参加した。

その3日後、マリナーズと5年総額109億円で契約延長することが発表された。

「ひとつのチームで長い間プレーすることは、たくさんのプレーヤーができることではない。その可能性を与えてもらったことに大変感謝しています」

移籍が常のメジャーで、生え抜きスターはひと握りだ。節目のコメントにも、彼なりの美意識が見えた。

「そういう選手はアメリカでは少ない。茶髪の人が増えた中で黒髪が美しく見えるように、僕には彼らがすごくカッコよく見えます」

シーズン後半戦は、マグリオ・オルドネス（タイガース）と激しく首位打者を争った。最後はオルドネスの3割6分3厘に対し、イチローは3割5分1厘で2位。9月19日には3割5分4厘としてオルドネスを1厘上回ったが、抜き返された。

「3割3分3厘から打率を上げられる人は限られている。しかも、それまで首位打者を取ったことがない人（オルドネス）が、そこ（9月19日）から1分も上げている。僕にはちょっと想像できないし、素晴らしいことだと思います」

3年ぶり首位打者へのモチベーションは高かったが、後悔の言葉はなかった。7年連続200安打をクリアし、盗塁ではシーズンを跨《また》いで45回連続成功のア・リーグ記録を樹立。7年連続ゴールドグラブ賞、両リーグ1位の238安打で2001年以来2度目のシルバースラッガー賞も受賞した。

この年あたりから、イチローは「天才」と呼ばれることを受け入れるようになった。オリックス時代はその称号に「僕も生身の人間なので」と強く抵抗していたが、この頃は「人と違う景色が見えている。それを天才とするなら、僕もそうなのかもしれない」と考えるようになっていた。年末の単独インタビューでは、こう語っている。

「(他者と)感じるものが違っていれば表現も違ってくる。自分にしかできないこと、ほかとは決定的に違うことを〝天才〟と定義するなら、そう言われることを受け入れるのもアリではないか、と思うようになりました」

周囲が天才と呼ぶようになってから10年以上が経過したところで、やっと本人に自覚が現れた。そこが天才の天才たる所以《ゆえん》なのだろう。

しかし、特別な才能ゆえの苦闘が、翌年には待っていた。アメリカでも、出る杭《くい》を打とうとする者はいた。

2008
孤高とは

シアトル・マリナーズ
●
出場試合数 162　シーズン安打数 213　通算安打数 1805

主なタイトル
●
両リーグ最多安打、ゴールドグラブ賞

オープン戦26打席連続ノーヒットで、イチローの２００８年は始まった。日米メディアはざわついたが、本人はいたって冷静だった。３月13日のジャイアンツ戦第１打席、二塁内野安打で〝春の珍事〟に終止符を打ったあとにこう語った。

「もう少し付き合ってもよかった。（周囲の）反応がけっこう面白かったので、むしろ追い風だったような気がします」

心配するファンの声、好奇心と同情が入り混じったチームメイトの視線……例年なら淡々と過ぎていくオープン戦中盤での、異例の注目が心地よかったという。

「良いか、悪いか。どちらも究極を行くとするなら、そこに通じるものはある。特に（成績に関係ないオープン戦の）この時期だし、こういう状況はなかなかないのでね」

天才と言われることを受け入れるようになったこの頃、イチローは「嫌いは好きの裏返し。好きの反対は無関心。僕らプロにとって、一番良くないのは無関心」と話すようになっていた。打っても打たなくても注目されるようなスーパースターが、不振のチームで孤高の人となっていくことは避けられなかったのかもしれない。

２００８年のマリナーズは、開幕前の期待を大きく裏切っていた。オフに大型トレードで左腕エリック・ベダードを、ＦＡで右腕カルロス・シルバを獲得して先発陣を大補強。前年のア・リーグ西地区覇者エンゼルスの対抗馬と目されたが、守護神Ｊ・Ｊ・プッツらリリーフ陣の不振が響き、5月末までに14もの借金を抱えてしまう。

ヤンキースに3連敗を喫した5月4日、メディアから「チームが一体感を持つために何が必要か」と問われたイチローは、「結果なしでそんなもの生まれるわけがない」と突き放すように言った。苦しいときこそ自分のことを最優先に考える。個々のパフォーマンスが改善されることで、その総和がチームの勝率を高める――そんな思想が理解されないいら立ちが伝わってきた。

シアトルの地元メディアのなかには、一つひとつのプレーや試合展開を検証せず、低迷の責任をチームの顔、すなわちイチローにひっ被せようとする者も出てきた。

5月10日のホワイトソックス戦、7回の走塁を〝暴走〟と決めつけられたケースがそうだ。3点を追う2アウト一、二塁で、一塁走者ウィリー・ブルムクイストが飛び出すミス。焦った相手ピッチャーの送球が乱れ、ブルムクイストは二塁へ進む。だが、一塁走者が挟まれるのを見てホームを突いた三塁走者のイチローが、タッチアウトとなってしまった。

「あのプレーでは、二塁で（ブルムクイストが）アウトになるほど寒いことはない。だから、あの場合は僕が行くしかない」

冷静に説明したが、胸の内は穏やかではなかっただろう。

弱い集団ほど、目的の曖昧な話し合いが多くなるという。この年のマリナーズも、ただ「チームのために頑張ろう」と確かめ合うだけのミーティングが繰り返された。

「負けているときに生まれるチームワークなんてない。それはアメリカでも日本でも同じです。プロでは結果を出さないとクビになる」

ラウル・イバネスや城島健司ら同調する者もいたが、一部のチームメイトが現実的なイチローを煙たがる。その中には「チームのために」と皆の前では言いながら、試合中にクラブハウスでくつろぐ主力選手もいた。そして一部地元メディアでは、イチローの主張が「個人主義」だと曲解された。

そんなチーム内外の歪みが、「らしくないプレー」に現れた。5月26日のレッドソックス戦。5回、ジェイソン・バリテックが放ったセーフコ・フィールド右中間への大飛球に背走し、捕球と同時にフェンスに激突した。イチローにしてはしなやかさに欠けるプレーだったが、試合後は「昨日のことがあったので」とすっきりした顔で切り出した。

「けっこうイラッときたからね。あのストレスが一番の原動力だったかな。あそこはもう、ケガのリスクは関係なく、というところ。僕らしくないプレーだったけど」

前日、ニューヨークでのヤンキース戦。同点の8回2アウト二塁で、右中間への大きな当たりにあと一歩届かず、決勝打を許していた。打者の力量、状況を考え、単打警戒で浅めに守っていたことが追いつけなかった理由だが、米メディアからは「なぜ捕れなかったのか」と問い詰められた。打たれたのは救援失敗を繰り返していたプッツだったが、敗戦後の質問攻めにさらされたのは、3点リードを守れなかったリリーフ陣ではなく、ホームランを含む2安打2打点の1番打者だった。

6月4日、マリナーズは30球団最低の勝率に落ち込む。同16日にビル・バベシGMが、その3日後にはジョン・マクラーレン監督が解任された。

その後もイチローのストレートな物言いは変わらなかった。

その年限りで取り壊される、旧ヤンキースタジアムでのオールスター。前年MVPイチローに群がる報道陣に、にこやかに言い放った。「今年が8年間で一番地味な（オールスター）メンバーですね」。世界最高峰リーグのスターが集まる祭典で、そんなセリフを口にできる日本人は、きっと彼が最初で最後なのではないか。生き生きとした表情は、シーズン中と対照的だった。

「まず、日本でちょっと自分の力以上に評価される時期があって、それに追いつこうとする自分がいた。そこをだんだん超えていくという、同じようなサイクルを（アメリカでも）繰り返している。今、ほかのメンバーを『地味だ』と感じられる自分がいることが嬉しいですね」

この時のホームラン競争には本気で出場を考えていた。バッティングピッチャーとして球筋が素直で打ちやすいと評判の元コーチに依頼し、一緒に参加する承諾も得ていた。それでも結局辞退したのは、7月9日のアスレチックス戦で本塁に滑り込んだ際、左手薬指を痛めたからだ。「お客さんに洒落《しゃれ》っ気と余裕がある」という理由で、イチローは旧ヤンキースタジアムが大好きだった。往年の名選手たちがしのぎを削った、由緒ある球場で、はつらつとバットを振る姿が見たかった。

イチローは正直で、自分を曲げず、たとえ誤解されても弁明しない。それは発言に責任を持つという考えからだったが、そんな愚直なスーパースターを受け入れる度量や余裕が、この時のマリナーズにはなかった。野球に関しての創造性、柔軟な思考についてもそうだ。たとえば1アウト二塁で、イチローはしばしば三塁前にバントする。それは相手の守備位置からヒットになる可能性が高いとき、後続との兼ね合いでビッグイニングの足がかりになると判断してのことだったが、一部のチームメイトは「誰よりもヒットを打てるイチローならバントなんて必要ない」と異を唱えた。

また、史上15人目の8年連続30盗塁に関して、「自分のスピードは皆が考えているほどではない」と自覚しているイチローが、状況を選んでスタートを切ることに「なぜもっと積極的に走らないのか」と不満を口にする者もいた。

イチローが「チームの勝利のために」という言葉を口にしなかったのは、勝利を目指すことは野球というスポーツの大原則であり、「(それを)わざわざ口にすること自体がおかしい」と考えていたからだったが、その理由を知ろうとする者もいなかった。

ウィリー・キーラーのメジャー最長記録に並ぶ、8年連続200安打を決めたのは9月17日、カンザスシティでのロイヤルズ戦。一気に3安打を積み上げて、個人としての最大の目標にたどり着いた。

「めちゃくちゃしんどかった。今年の200本はどうしても外せない。170本目から190本目までは恐怖との戦いでした」

最終的に213安打でダスティン・ペドロイア（レッドソックス）と30球団トップを分け合ったイチローに対して、マリナーズは一度も浮上することがなかった。61勝101敗、3位アスレチックスに14・5ゲーム差で地区最下位。総年俸1億ドル以上のチームでは、史上初めて100敗を喫するという不名誉な記録もついた。

後にマクラーレン監督は、当時のチーム内に「（イチローへの）強い嫉妬があった」と証言した。シーズン終盤、地元紙シアトル・タイムズがチーム内不満分子のイチローへの愚痴をセンセーショナルに報じ、日本でもちょっとした騒ぎになった。

この年のイチローは、相手だけでなくチーム内外のネガティブな空気とも戦わなければならなかった。そこで受けたいくつもの逆風が、2009年を戦うためのエネルギーに変換されていった。

2009
WBC連覇の裏で

シアトル・マリナーズ
●
出場試合数 146　シーズン安打数 225　通算安打数 2030

主なタイトル
●
両リーグ最多安打、ゴールドグラブ賞、シルバースラッガー賞

イチローが怒っていた。

2008年10月18日、彼の自宅でのインタビュー。テーマは、混迷を極めていた第2回WBC日本代表の監督選考だった。

「『最強のチームを作る』という一方で、『現役監督から選ぶのは難しい』では、本気で最強のチームを作ろうとしているとは思えない。矛盾した行為ですよ」

WBCの価値は出場する者たちがつくっていくべきだ。そこで戦う日本代表も、選ばれることが名誉なものにしなければならない――。イチローの考えは2006年第1回大会参加から一貫していた。

「もう一度、本気で世界一を奪いにいく。WBC日本代表のユニホームを着ることが最高の栄誉である、とみんなが思える大会に自分たちで育てていく。シンプルなことなんですけどね」。その口調は、秋の穏やかな夕暮れには似つかわしくない熱っぽさだった。

第1回大会は、〝失点率〟という特殊ルールに助けられての優勝だった。それがフロックでなかったと証明するという点でも、日本代表にとっての第2回大会は大きな意味を持っていた。しかも1回目と比べものにならないほど国内での注目度は高いというのに、結成前からなぜこうも難航するのか……。イチローの疑問という立ちは、当時の日本の野球ファンとそう変わらなかっただろう。

WBC日本代表監督選考会議は9月から数回招集され、10月半ば時点までには北京五輪で指揮を執った星野仙一氏の就任が既定路線となっていた。

「大切なのは足並みをそろえること。（惨敗の）北京の流れから（ＷＢＣを）リベンジの場ととらえている空気があるとしたら、チームが足並みをそろえることなんて不可能でしょう」

星野監督が北京五輪準決勝での韓国戦に臨む前、「リベンジしますよ」と語っていたことで、このイチロー発言が〝星野外し〟を意図したものと一部では受け止められた。しかし以前から「五輪はアマチュアのもの、ＷＢＣはプロで戦うもの」と線引きしていた彼は、そんな狭い視野でこの問題を考えていなかった。

「誰が監督で、どんなメンバーで戦うかよりも、これからどうしていくべきなのか、そういう大きな視点を持って（選考会議に臨んで）いるかどうかが問題なんです」。日本野球で培ったプライドと、そこで育った者としての熱い想いが彼を突き動かしていた。

一連のコメントは大きな反響を呼んだ。「一選手が口を挟むことではない」との批判がわき起こる一方で、一部の北京五輪代表メンバーから支持が寄せられた。そして王貞治コミッショナー特別顧問が「（イチローの主張に）なるほどね、と思う」と理解を示したことで潮目が変わる。イチロー発言の３日後、星野氏が自身のＨＰ上でＷＢＣ代表監督就任を引き受ける意思がないことを改めて表明。最終的には経験値の高さなどが買われ、２００８

年セ・リーグ優勝の巨人・原辰徳氏が代表監督に落ち着く。第2回大会は、日本代表が集まる前から何かと騒がしかった。

自分の言葉が監督決定までの流れを変えたと思うか。もしそう感じたのなら、新たなプレッシャーが生まれたのではないか――。原・日本代表監督が決まってから約1カ月後にイチローに尋ねると、「そもそも（発言の前と後で日本国内の状況が）どうなっているのか僕は（詳しく）知らない。でも、あの（日本代表の）ユニホームを着る限りは、必ず何かを背負わなきゃいけないということです」と言った。

3年前、劇的な初優勝を飾った時から、第2回大会は彼にとって避けられないものになっていた。第1回大会で斬新なリーダーぶりを発揮したイチローが、再び頼られるのは当然だろう。そして彼も、あの発言の前から退路を断つ覚悟だった。

2009年2月16日、宮崎で代表合宿が始まった。福留孝介、松坂大輔ら第1回大会に出場した顔ぶれに加え、新たにダルビッシュ有、岩隈久志らが加わった代表候補33名。連覇を期待してサンマリンスタジアム宮崎をぎっしり埋めた約4万人が、彼らの躍動に歓声を上げる。前回の合宿初日とは大きく違う注目度も、候補選手らの顔つきを引き締めていた。

「全員が最終的に同じチームでできない。そこが分かっているのですごく難しい」

初練習後の囲み取材で、イチローは静かに話した。合宿後、メンバーが28人に絞られることを指してのコメントだ。前回は喉が嗄《か》れるまで大声で盛り上げたり、円陣で檄を飛ばしていたイチローが、今回はあえて自分を抑えているように見えた。

「僕が機能しなくても勝てる可能性があるチームだと思っていた」

半信半疑で一歩目を踏み出した前回大会とは異なり、今回は最初から連覇を目指そうという雰囲気が代表チームに漂っていた。

合宿の中盤、全体練習のない2月19日。イチローは神戸にいた。前日の練習後に宮崎から伊丹空港へ飛ぶと、この日は昼前からスカイマークスタジアムの外野を走り、フリー打撃で気持ち良さそうに大きな当たりを連発した。雨模様の宮崎と対照的に、神戸は小春日和。

「雨の日にホテルで缶詰めになるのはストレスが溜まるでしょ？（この日の自主トレは）自分にはゴルフの打ちっぱなしみたいなもの。心のスイッチを切っているからストレスはかからない。僕にとってはこれが〝休み〟なんです」

慣れ親しんだ神戸で、行きつけの焼肉屋と喫茶店でお腹と心を満たし、足裏マッサージを受けてから、最終便で宮崎へと舞い戻った。

ここまでは、すべてが順調に見えた。

東京ドームでの1次ラウンド。イチローの打撃内容は周囲を心配させるに十分だった。

3月5日の中国戦では5打数ノーヒット。2日後の韓国戦で3安打したものの、その後も状態は上向かない。米ペトコ・パークに舞台を移した2次ラウンドでもキューバ戦、韓国戦と無安打で、2次ラウンド初ヒットは敗者復活のキューバ戦7回にようやく記録した。

「ほぼ折れかけていた心がさらに折れた。僕だけがキューバのユニホームを着ているように思えた」

その直前の打席ではバントを失敗していただけに、安堵と悔しさの入り混じった顔だった。

イチローは2006年の前回大会でも終盤まで調子が上がらなかった。これはピッチャーのリリースのタイミングが異なることが原因と推測できた。日本や韓国などアジア系投手が始動からリリースまで「1、2、の、3」とわずかにタメが入るのに対し、メジャー投手は「1、2、3」で投げ下ろしてくる。マリナーズ入団からすでに8年が経過し、すっかりメジャー流に慣れていたイチローが短期間で修正を施すのは簡単ではなかった。

復調の兆しが見えたのは、ドジャースタジアムでの準決勝・米国戦だ。チームは9対4で快勝。ボブ・デービッドソン審判による「世紀の大誤審」が発生した前回大会の雪辱を果たしたが、イチローは素っ気ない口調だ。

「前回のストレスを発散した、そんな感じでいいんじゃないの」

感情を表さず、何事もなかったように勝つことが相手にとって最も屈辱だと、イチローは敗者の心理を想像しながらコメントしていた。この試合でのヒットは1本だったが、打撃のフィーリングと普段の強気が戻りつつあった。

韓国代表と、大会5度目の顔合わせとなった決勝戦。延長10回、2死二、三塁でイチローが放ったセンター前2点タイムリーは、大会前から彼が背負っていた重圧、ファンの杞憂、ライバル韓国の野望を吹き飛ばす一打となった。それまでの苦闘と、ラストチャンスで飛び出した鮮やかなライナーのコントラスト。ドラマのようなどんでん返しを演じたヒーローは、顔色ひとつ変えずに二塁上でたたずんでいた。

――殊勲打の直後、何を思ったのか。

「普段と変わらない自分でいること。それが僕の支え、ということです。これを崩してしまうと、今大会のようなタフな状況で自分を支えきれないと思っていた」

だが、イチローの真骨頂は、2点タイムリー直後の三盗だった。

呆然と立ち尽くす韓国代表ナインと、歓喜に沸く日本代表ベンチ。ドジャースタジアム全体が騒然となっていたとき、二塁走者イチローがスタートを切る。滑り込むことなく、やすやすと三塁を陥れた。

「2アウトだったから、普通は行かない。でも、あそこでは（韓国代表に）野球の厳しさを教えないといけないから」

イチローの日米通算4367安打、708盗塁に数えられていないこのヒットと盗塁こそ、彼の意地と誇りを賭したプレーだったのではないか。

WBC連覇を果たし、マリナーズのキャンプに合流したイチロー。しかし、3月30日のブリュワーズとのオープン戦序盤に強いめまいを訴えて途中交代する。

4月2日の精密検査で胃潰瘍が判明。彼はメジャー生活で最初で最後となる故障者リスト入りと入院生活を余儀なくされた。後にブリュワーズとの試合前の状態を「（胃潰瘍の出血による貧血で）周りの景色が金色がかって見えた」と振り返り、療養先の病院では点滴針を刺したままトイレで気絶したことを打ち明けた。

実はこの年のはじめから、原因不明の倦怠感に襲われることが何度もあったという。イチローの神戸の友人たちからは、いつもの旺盛な食欲が見られなかったとも聞いていた。

——なぜ、異変を感じたときに検診を受けなかったのか。

「だって、検査で問題があったとしても、僕が（WBCに）出ない選択肢はなかったでしょう？　それなら（病院に）行ってもしょうがない」

イチローはくだけた笑いとともに言った。こうして2009年シーズンは波乱とともに幕を開けたのだった。

手を出さないためにどうするのか

マリナーズがミネアポリスでシーズン初戦を戦った4月6日、キャンプ地のアリゾナ州ピオリアではイチローが孤独な２００９年開幕を迎えていた。

「日本を含めて初めてのこと。なかなか過去と比較ができませんね」

胃潰瘍が癒え、リハビリを開始して4日目。「変な感じです」と何度もつぶやいた。

シーズンの個人目標は２００安打で変わらなかった。公式戦初出場は4月15日のホームでのエンゼルス戦。欠場8試合がどう響くのか。そんな問いに、よどみなく言った。

「そこで僕が日本でやったことの強みが出てくる。１３０試合で僕は（１９９４年の２１０安打を）やってきた。（メジャー公式戦の）１６２マイナス8ではなく、僕は（１９９４年プロ野球公式戦の）１３０プラス24という計算ができるので」

出場1試合目、第2打席のセンター前ヒットと第5打席の右越え満塁弾で日米通算３０８５本。張本勲氏のプロ野球記録に追いついた。そして翌日、張本氏がスタンドで見守るなか、2打席目のライト前ヒットで３０８６本目が刻まれた。

「張本さんに昨日は『2本打てるだろ』と言われ、今日は『明日、日本に戻るから』と言われた。なんか試合前に変なプレッシャーかけるなぁ……と」

それまで茶化し気味のコメントで報道陣を笑わせていたイチローが、急に神妙になった。

張本氏のどこに昭和を感じるのか。そんな問いへの反応だった。

「話でしか聞いたことがないですが、僕なんか比べ物にならないほど辛い思いをされた。野球に対するモチベーションも違ったと思うし、そういう厳しい状況の中で、しかも日本だけであの数字（３０８５安打）をつくり上げたのは凄い」

同年2月、宮崎でのWBC日本代表合宿中、張本氏にインタビューを申し込んだ。被爆者手帳を持つただひとりのプロ野球選手。幼い頃、たき火に手を突っ込んで右手小指と薬指がくっついたままだった大打者は、一見《いちげん》の取材者にも優しかった。

「私らの頃は野球が駄目なら生活が駄目になった。必死に戦った理由はそこですよ」

と胸を張る張本氏と、野球を「趣味に近いもの」と捉え、「お金を目標にすると、そこに達した後の気の持ちようが難しくなる。面白いからやる、という姿勢ならば限界はない」と語るイチロー。２人の対比がそれぞれの時代背景をよく表していた。

いかにストレスを少なくして打席に立てるか。２００９年はその点でも追い風が吹いていた。ケン・グリフィー・ジュニアと、温かい人柄とリーダーシップで知られるマイク・スウィーニーが加入したのだ。チームには前向きで明るい空気が戻っていた。

イチローが、プロとしてただひとり憧れてきたのがグリフィーだった。「大好きな選手が触れたものを自分のそばに置きたい」一心で、数十万円をはたいてグリフィーのサイン入りユニホームを買ったこともある。まだ登録名は鈴木一朗、年俸が１０００万にも満たなかったオリックス時代初期の話だった。

この年はイチローが、クラブハウスでヘッドフォンを付けたままの時間が激減した。自然とこぼれ出る笑いとともに、ヒット数も伸びていった。

5月24日ジャイアンツ戦。チーム45試合消化時点で53安打とし、前年同時点での安打数を超える。5月31日、敵地エンゼルス戦では5打数4安打で月間49安打。イチローは「どうせなら50にしたかった。あと1回（ヒットの）チャンスはあったから」とこのゲームでただ一度の凡退を悔しがった。

自己ベストに並ぶ25試合連続安打をマークしたのは6月1日のオリオールズ戦だ。しかし「（自己タイを）知らなかった」と言って報道陣を驚かせ、「知らないから（気分の）高まりようがない」と淡々としていた。翌日の同カード1打席目にショート内野安打で、自己記録を26試合連続に更新。その時は観客席からの祝福をやり過ごし、「わざわざ時間をとるまでもない、と僕は思った」と語った。感謝を忘れたわけではないが「現在の感触からすれば驚かない」という意味だった。「そもそも自分のやっていること（と結果）が不思議に思えたら論外。レベルが低すぎる」。ストレートな表現も、状態の良さを示すものだった。

セントルイスでのオールスターには、9年連続で出場が決まった。ニューヨーク、ロサンゼルスなど大票田の本拠地を持たないにもかかわらず、8度目の先発出場(ファン選出)は同球宴選出メンバーでは最多だ。推薦も含めた9度目の出場は、90年代から常連となっていたデレク・ジーター、マリアノ・リベラ（ともにヤンキース）の10度に次ぐ。選ばれる前からオールスター戦のテレビコマーシャルに他のスターらと共演する状況が、メジャー8年半の蓄積を表していた。

「(自分のシーズンを）スタートしたときに一番遠い場所にいたわけだから、それを考えれば(投票してくれたファンには)『ありがとうございます』ですね。最初（4月半ばにチーム合流したころ）は考えられなかった」

チーム81試合消化時点で117安打。開幕から9試合目で戦列復帰したイチローが、この時点でヒット数両リーグトップを独走していた。「最低でも100本と考えていたので、まあまあ（のペース)。プラス17（本）ですから、ペースとしては悪いわけはないわね」。この時点での1試合平均安打数1・6は、年間最多安打記録を更新した2004年の1・63に次ぐものだった。

7月8日、ツインズのジョー・マウアーが規定打席に達し、リーグ打率首位を自分から奪ったときは、笑みを浮かべて「マウアーなら許す」と言った。「誰がそこにくるか、ですからね。マウアーだったら全然いい。ほかのしょうもない選手だったらカチンとくるけど」。マウアーは高校時代を通じて、公式戦で2度しか空振りをしなかったとの逸話を持つ。そんな天才肌との競争が、イチロー自身の描くストーリーにはまったのか。悔しさは感じさせず、むしろ後半戦の争いが楽しみなようにも見えた。

7月13日、オールスター前日の午前中、イチローはセントルイス郊外にあるジョージ・シスラーの墓を訪ねた。２００４年に自身が破るまで、１９２０年から80年以上もシーズン最多安打記録を守り続けたシスラーの墓碑には「１９７３年3月没」の文字がある。その約7カ月後に生まれた彼は、「なにか特別な思いがした」とあらためて感慨を抱いていた。

セントルイスを訪れるのは2度目、前回は２００４年7月の交流戦。その約3カ月後に先人を乗り越えた縁。「２００４年に（安打記録更新で）シスラーさんをちょっと起こしちゃって、今回もまた突然起こしてしまった。お休み中にすいません、という感じでしたね」

この日の夜、イチロー夫妻は、郊外のイタリアンレストランでア・リーグの指揮を執るジョー・マドン（当時レイズ監督）と偶然隣り合わせている。「これは俺からだ。明日は１球目から狙ってくれ」と、高級ワインをプレゼントされたア・リーグ1番打者。〝指示通り〟本番でプレーボール直後の１球目を思い切り引っ張ったが、打球は右ポール近くへの大ファウルだった。

このオールスターゲーム前には、クラブハウスを訪れたバラク・オバマ大統領から、「何でそんなに肩が強いんだ」とたずねられた。試合後会見での彼は、フィールドで味わう興奮とは別種の感情を抑えきれないでいた。「（君の）ビッグファンと言われた。本当かウソか分からないけど、知っていただいていることが僕には驚きだった。感動しました」。いつもの人を食ったような雰囲気は、この日に限ってなかった。

大統領のサインボールも手に入れた。ロッカーの椅子に置いてあったボールが転がり落ち、偶然にもその足元へ。「それで、『サイン欲しいかい？』みたいな感じで大統領から聞いてくれた。『Ｎｏ』は言えませんよ」。ベースボールが、いかにアメリカで愛されているのか。大統領のふるまいと言葉から、感じることは多かったようだった。

自分が関わるストーリーにこだわり、自らのプレーを「作品」と称するイチローが、鼻につく人もいるだろう。しかし、長らく業界のトップにいるような人物は、多少なりとも同様の資質を兼ね備えているように思える。

日本代表監督問題に関する発言、ＷＢＣ連覇を決めた一打も含め、スーパースターは何をやっても話題の中心にいる。「嫌いは好きの裏返し。僕らにとって一番良くないのは無関心」。そんな彼の言葉を思い起こすことが多かった、９度目のオールスター取材だった。

イチローはオールスター後も順調にヒットを積み重ねたが、８月23日インディアンス戦でアクシデントに見舞われた。最後の打席、ピッチャーゴロで一塁に駆け込んだ際、左ふくらはぎを痛めて交代。再び8試合の欠場を余儀なくされたが、イチローが凹《へこ》むことはなかった。

復帰後、最初の節目はメジャー通算2000安打だった。9月6日、敵地アスレチックス戦プレーボール後の2球目を、ライト線への二塁打とし大台に乗せた。強い日差しに目を細め、ゆっくりヘルメットを差し上げるイチロー。そこに両チーム選手と敵地ファンからの温かい拍手が降りそそぐ。

「オークランドという場所で観客の皆さんが祝福してくれた。ちょっと感慨深いものがあります」

メジャー1年目の4月、〝レーザー・ビーム〟を初披露した球場で、その直前に頭にコインを投げつけられた。「そのことを思い出した。気持ち良かったですね」。1402試合での達成は、20世紀以降で2番目の速さだった。

その翌日、試合がないにもかかわらずイチローは次の遠征地エンゼル・スタジアムで黙々と体を動かしていた。誰もいない外野で入念なストレッチとランニング、室内ケージでのティー打撃。締めは約3分間の素振りだ。静かな室内練習場で、バットが空気を切り裂く音だけが聞こえていた。

2000安打達成当日、イチローは「節目であることは間違いないですが、『たどり着いた』という感じでもないかな」と話した。1安打の重み、そのために費やす労力は何本目であろうと同じだ。メジャー2000本目にも歩みを止めず、公式戦中のルーティーンに徹した。余韻に浸ることはなく、故障部位の回復が予想以上に早かったことを喜んでいたのが彼らしかった。

9年連続200安打は9月13日、敵地レンジャーズ戦ダブルヘッダー2試合目で決めた。2回2アウト三塁での2打席目、ショートへの内野安打で108年ぶりの記録更新。ゲーム後、その主役をグリフィーがシャワー室に担ぎ上げていく。そこで待っていたのはチームメイトからのビールかけだった。

8年連続200安打のキーラーはかつて、「人のいないところに打て」と言った。その100年以上も後、9年連続200安打のイチローが「手を出すのは最後だよ」と語る。節目の一打には、その言葉のエッセンスが凝縮されていた。

「手を出さない」は、始動のぎりぎり前までグリップを頭の後ろに保つという意味だった。記録達成を決めたショート内野安打は、2ストライクから速球派左腕デレク・ホランドの外角直球を左方向へ転がした。

「手を出さないためにどうするのかを考えるのが僕。どうやって手を出そうかと考えるのが普通（の選手）。真逆なんですよ。これは僕のバッティングを象徴している」

9月18日、本拠地でのヤンキース戦では史上最強クローザー、マリアノ・リベラからライトへ逆転サヨナラ2ランを放った。

9回2アウト二塁での初球、内角へのカットボール。打った瞬間にそれと分かる一撃は、メジャーで自身初となる2試合連続サヨナラヒットでもあった。前日は追いかける同僚たちを走って振り切ったが、この日は逃げ場がない。待ち構えた仲間がホームインで一斉に群がり、背番号51はすぐに見えなくなった。

「どのコースにきても簡単にはならない。そんなピッチャーなんて、そうそういませんよ」。リベラのカットボールは鋭く、重い。特に左打者に効果的なその難球を、ここぞ、という場面で打ち砕いた。「（この1本は）なかなか忘れないでしょう。だから、できるだけゆっくり（ベースを）回ろうと……。もったいないじゃん」。球史に輝く抑え投手と、9年連続２００安打とシーズン最多安打記録更新を果たしたヒット王の対戦。担当記者としても、忘れられない1本になった。

10月4日の公式戦最終戦の試合後は、自然発生的にマリナーズ選手全員が本拠地球場内を一周した。一団の中心には肩車されたグリフィーとイチロー。

「単純に気持ちのいいチームだった。野球場にきて野球に集中できる。『すごく良くなった』というよりは『正常になった』とするのが正しいのかも。価値観を共有できていることが嬉しかった。そんなことはもう無理だと思っていたから」

2人のスーパースターを取り巻く雰囲気が、2009年マリナーズを象徴していた。

出場146試合にもかかわらず、225安打は2位デレク・ジーター（ヤンキース）に13本差をつけての両リーグ1位だった。リーグ首位打者争いではジョー・マウアー（ツインズ）に及ばずとも自己2位の3割5分2厘。ゴールドグラブ賞は9年連続、そしてシルバースラッガー賞、リーグ最多敬遠ともに3度目。西地区3位でプレーオフには進めなかったが、イチローとチームがともに翌年以降への手応えをつかんだシーズンに思えた。

約1年前、WBC監督問題について熱く語ったことを思い出させる言葉もあった。それは世界最高リーグで競い合うための気概にも聞こえた。

2009年10月21日、イチロー36度目の誕生日前夜。岩手・花巻東高の菊池雄星が、卒業後そのままメジャーを目指すかどうかが話題になっている。そんな振りに語気を強めた。

「WBCで勝ち、日本人がこちらでたくさんプレーするようになって、『もうメジャーに追いついた』とか、『アメリカに学ぶものはない』なんて空気がある一方で、外国人枠があったり、アマチュアの選手が日本の外に出ないようにする動きがある。それって、実際にはアメリカに屈しているんですよ」

高校ナンバーワン左腕を米球界にみすみす手渡すようなことになれば、プロ野球の空洞化につながりかねない……。当時報じられていた日本球界関係者の危惧と、イチローがＷＢＣ連覇後に感じていた日本国内の驕《おご》りにも似た空気。その相反する事象に疑問を投げかけた。

「いまメジャーでプレーしている日本人、プロ野球でトップだった人がほとんどでしょう？　そんな彼らがここで1年を過ごした後、『充実していた』なんて言っている。これが『情けない』とか『悔しい』なら、日本もちょっとは近づいたかなって思うかもしれませんが、実際はそうじゃない。なんだそりゃ、と思いますよ」

誰よりもヒットを打っているから、首位打者タイトルや２００安打は簡単になっていく。そんな安易な発想に反発したのと同じように、日本代表のＷＢＣ連続優勝に浮かれた空気に抵抗していた。ヒットを打つことに関して、シーズン単位という中期での最高点をたたき出し、長期では連続年間２００安打記録を塗り替えた。守備、走塁を含めて日本人野球選手で誰よりも結果を残した彼が、世界と日本の差を悔しがっている。なぜイチローのような〝劇薬〟がＷＢＣ連覇に欠かせなかったのかが、分かった気がした。

逆境は好機だとも言った。

「（２００９年の）ＷＢＣでは今まで感じたことのない恐怖を味わい、初めての病気も経験した。これまでで一番厳しいともいえるシーズンでしたが、それはチャンスでもありました」

胃潰瘍による出遅れ、終盤の左ふくらはぎ故障で計16試合を欠場しながらも200安打をクリアした2009年。一時は新記録達成時の2004年に匹敵するスピードで打ちまくった同年の経験から、「(自分には)強い耐性がついた」と感じていたという。

「一番の逆境を味わえる機会なんてそうはない。すべてを最も困難な状況に持っていった上で目標を達成できたら、その経験は大きな武器になります」

いくつものピンチを乗り越え、経験値も上がった。マリナーズの前向きな可能性も見えてきた。しかし、2010年の現実は甘くなかった。

2010
期待と落胆

シアトル・マリナーズ
●
出場試合数 162　シーズン安打数 214　通算安打数 2244

主なタイトル
●
両リーグ最多安打、ゴールドグラブ賞

期待と落胆。イチローとマリナーズの2010年を、これほどよく表す言葉はないだろう。2009年オフにエンゼルスから快足内野手ショーン・フィギンズがFAで加入、フィリーズとのトレードでサイ・ヤング賞左腕クリフ・リーを獲得した。2001年以来となるプレーオフ進出へ、チーム内外の気運は高まっていた。

キャンプ中の光景からもチーム内の良い空気は伝わってきた。グリフィーがイチローのスパッツをはき、下半身ムチムチ姿でロッカー内を闊歩する。チームメイトは大爆笑。別の日にはイチローがグリフィーとある約束をした。安打数がグリフィーの2倍を超えるかどうか、負けた者が食事代を持つというものだ。グリフィーが「俺はオープン戦の本数も含まれる」と話すのを聞き、イチローが大笑いする。「フェアじゃない。でもまあ、そもそも(この約束が)フェアじゃないんだけど」。明るい空気の中心には、いつもこの2人がいた。

しかし、マリナーズは公式戦2試合目から4連敗。さらに4月末から5月にかけて8連敗と坂道を転がりだす。5月10日には地元紙タコマ・トリビューンが「5月8日のエンゼルス戦で、グリフィーが試合中にロッカーで居眠りしていたため代打起用できなかった」との記事を掲載。グリフィーとフィギンズが、ドン・ワカマツ監督と不仲との噂も流れ、開幕前と対照的な重苦しさが漂った。そして6月2日ツインズ戦前、唐突にグリフィーの引退が発表される。

この試合、約3年ぶりに1試合3三振を喫したイチローだが、延長10回2死一、二塁でのセカンド内野安打がサヨナラヒットとなった。

「去年の春（第2回ＷＢＣ）の最後の打席が、僕の野球人生で最も雑念の多かった打席と言いましたが、その次に雑念が多い打席でした。あまりにも突然すぎて、整理もできないまま混乱した状態でゲームに入っていた。（グリフィーは）歴史的なスーパースターなのに、人の心の痛みがよく分かる。あの笑顔にみんなが救われていたし、それを思うとやっぱり感情的になります」

　グリフィーはすでに試合前、愛車でシアトルから自宅のあるフロリダ州オーランドを目指していたという。別れの挨拶も、そしてキャンプでの約束も果たされないまま、夢のような時間は終わった。この日は二塁後方に球場整備員が感謝を込め、グリフィーの背番号24を砂に描いていた。イチローが寂しそうにつぶやく。

「本当はあの24を抜けていってほしかったけど、それでも最後にあの24のところに飛んでいったから……」

　マリナーズは開幕からの2カ月でサヨナラ負け8度、延長戦を6戦全敗。浮上の気配はその後も見えず、球宴前には新戦力の目玉だったクリフ・リーがレンジャーズへ放出された。7月23日レッドソックス戦中には首脳陣と一部選手がベンチ内で揉み合うトラブルまで発生。グリフィーと並ぶリーダー格だったマイク・スウィーニーもフィリーズに去り、8月9日にはドン・ワカマツ監督が解任された。

8月16日には米名物記者のTwitterにも振りまわされた。「イチローが（球団人事に強い影響力を持つとされる任天堂相談役の）山内溥《ひろし》氏に（前ロッテ監督の）ボビー・バレンタイン氏の次期監督就任を勧めた」との内容。発信源は2005年に米野球殿堂入りしたピーター・ギャモンズ記者だ。

シアトルの各地元メディアが直ちに「そのような事実はない」と球団幹部のコメントで応酬。騒ぎはすぐ沈静化したが、イチローのいら立ちは同日オリオールズ戦後も収まらなかった。

「僕でも顔と名前を知っているような、影響力の大きな人が、こういった小さな情報発信ツールから煙を立たせるのはいかがなものでしょう。その情報に自信があるなら、テレビで働いているならテレビで（まず最初に）伝えるべきです。そういった情報源（テレビなど）しか持たない人のことを冒とくしているし、山内さんや僕に対する侮辱でもある」。チーム内は急激に変化し、心を通わせた者たちのほとんどがいなくなった。そして外部からは身に覚えのない雑音が聞こえてくる。

そんな落ちる一方の2010年マリナーズで、イチローは存在感を示し続けた。10年目のオールスター出場時には打率3割2分6厘、両リーグ1位の118安打。地区最下位球団からファンおよび選手間投票それぞれで選出されたのはただ一人。そして2001年からの連続出場も彼だけだった。

球宴本番では1回、華麗なランニングキャッチで盛り上げた。アルバート・プホルス（カージナルス）の右中間への打球を、完璧なタイミングで跳び上がって捕る。そしてそのまま一連の動作でボールをライトスタンドに投げ入れる。強い西日でいったん視界から打球が消えたというが、そんな様子はまったくうかがわせない。一部トッププレーヤーのなかには公式戦を優先し、球宴を辞退する者もいたが、イチローはそこで相応《ふさわ》しいプレーを見せることがファンへの恩返しであり、彼自身への刺激になると考えていた。

「もしこの場所でも気持ちの高ぶりがないというなら、それはオールスターに対してではなく、その人自身の変化、野球に対する情熱とかそういう何かが以前と違ってきている証しではないですか？」

日米メディアやファンは10季連続出場は当然と受け止めていたが、本人の思いは正反対だった。オールスターは永遠に特別。そこに出場できる者の喜びは、プレーを見てもらえれば分かる……。そんなふうにも聞こえた。

球宴後15試合中6試合でノーヒットのスランプがあったが、8月終わりにはリズムを取り戻した。9月半ばに再び安打数両リーグトップに立つと、9月23日の敵地ブルージェイズ戦で200本目に届いた。

5回1アウト一塁で迎えた第3打席、日標達成はセンター前への鋭い当たりだった。ベンチ前に整列して祝福するチームメイト。イチローは、一塁上でヘルメットを掲げて彼らと場内に返礼した。

メジャー1年目のオープン戦、当時ロッキーズのエース左腕マイク・ハンプトンと対戦する前日。ある日本人メディアから「彼（ハンプトン）からヒットが打てると思いますか」と質問された。イチローは、「あの質問は一生忘れない」と笑みを浮かべて振り返る。あれから10年間、誰よりも多くのヒットを重ね、スランプそのものが珍しいと思われるようになっていた。

「最初は侮辱から始まった。それが、『何でヒットが打てないんですか』という質問に変わった。周りを変化させられたことに、ちょっとした気持ちよさはあります」

終わってみれば両リーグ1位の214安打で、最多安打は5年連続の最長記録を更新した。このシーズンで200安打をクリアしたのはロビンソン・カノー（ヤンキース）と2人だけと、1994年のストライキ以降では最も少なかった。一方、マリナーズは3年間で2度目の100敗以上を記録した。

期待、そして失望のペナントレースとイチローの孤独な戦いは、メジャー10年目でも再現されたのだった。

2011
正解か不正解か

シアトル・マリナーズ
●
出場試合数 161　シーズン安打数 184　通算安打数 2428

２０１１年は、イチローの連続２００安打が途切れたシーズンだった。いったい何が起こっていたのか、本人の言葉をたどれば要因が見えてくる。じっくり話を聞いたのは、同年最終戦から約1カ月半後のインタビュー取材だった。

「手応えがあったわけでもないのに結果が出る。もっとも危険なスタートだったと言えるでしょう」

4月はリーグ単独トップ、同月間では自己最多タイの39安打をマークした。だが、この順調な滑り出しが落とし穴だったという。

「毎年のことですが、4月の難しさはスプリングトレーニングからやってきたことが正解かどうか分かりにくいことです。（２０１１年4月は）結果が出ていたことで、それが正解だと判断してしまった。実際には不正解だったのですが、気付くことができたのは時間がたってからでした」

例年、開幕から1カ月前後で打撃フォームが固まっていく。それが２０１１年は納得できるかたちと感触がつかめないまま、時間だけが過ぎていった。5月、月間打率は2割1分へ急落する。状態は上向かず、5月以降の月間打率はすべて3割を下回った。

「（この年の）4月は結果と感触のギャップがこれまででもっとも大きかったと言えるでしょう。結果が出ているときでも『これは不正解』という判断が必要になるわけですが、そんなことは僕にとって不可能に近い」

問題の特定が遅れると、修正はさらに必要になる。やっと感触と結果がかみ合いはじめた頃、巻き返しの時間は残り少なくなっていた。計184安打、打率2割7分2厘。200に足りなかった16本は、それまで10年間の平均安打数で11か12試合分、時間にして約2週間分に相当した。実は2005年にも似たような現象があったが、このときは早めに修正ポイントを発見できた。それが2011年は、感覚と結果のギャップが大きかった分だけ試行錯誤が長くなり、年間トータルの成績に響いてしまったというわけだ。

技術的問題は、左投手の内角球対策から始まっていた。左からのカットボールや高速シンカーをしっかり打ち返せるようにと、2011年序盤のイチローは「ちょっとだけ、バットとボールを滑らすイメージで」スイングし、右足の踏み込みを通常よりも一塁方向にオープン気味にしていた。だがそのフォームでは、左投手の速球系以外の球種に適応できる幅が狭まってしまう。

「でも、そのかたちで春は結果が出ちゃった。そこで『とりあえず、これでいこう』となる。それが一番の（スランプの）理由だったと思います」

イチローのもともとの持ち味は、いろいろな球種を全方向に打ち分けることだ。それが、特定のボールに僅かに意識が偏ったことでバランスが崩れ、その原因もすぐには見つからなかった。やがて駆け引きで後手にまわり、さらに長所が薄れる悪循環に陥った。

左投手の高速シンカー攻略は、メジャー1年目以来のテーマでもあった。ただ2011

年は、同一地区のレンジャーズがC・J・ウィルソン、マット・ハリソンにデレク・ホランドと球威のある先発サウスポーを揃えたことも不振の一因となった。

「相手があることなので数字では計れないところがある。それがバッターの難しさです。（結果が出ないときは）基本的には自分に問題があると考えますが、相手が本当に良い場合だってある。僕は、（2011年は）顕著にそれが出たと思っている」

イチローが自分の打撃技術を具体的に語ることは珍しかった。「たとえピッチャーがそれ（気持ち）を持っていなかったとしても、バッターはうまくいって（打率）3割しかない」。気持ちで押されたら、相手が高校生でも好結果は出ない、それが打者と投手の基本的な力関係――以前からそう話していた彼が、〝相手の力が上だった〟と認めたのも滅多にないことだった。

2011年は苦しい闘いの記憶ばかりが強く、例年に比べ取材メモが少ない。そのなかで印象的なコメントを挙げるとすれば、連続試合出場が255で止まったとき、チームが7月27日のヤンキース戦で17連敗を止めたとき、最終戦後のすっきりした表情の3つだろうか。

6月10日タイガース戦を欠場した夜。連続試合出場が止まったことについて、イチローは顔色を変えることなく「必要とされることに意味があるので、僕に（特別な気持ち）は何もない」と話した。前日タイガース戦では同月の9日間だけで2度目の3試合連続ノーヒット。さすがにエリック・ウェッジ監督も動かざるを得ず、本人も〝強制休養〟を受け入れるしかなかった。「なかなか（チームの）力になれていないことがツラいですね」に実感がこもっていた。

　マリナーズが17連敗の長いトンネルから抜け出した日は、「『究極の下《げ》』になると注目される。やっぱり一番上と一番下は共通点があるのだな、と。それが何となく面白い」と苦笑いで言った。１９９８年に千葉ロッテが18連敗目を喫したチームが自分のいたオリックスだった。「まさか（自分が）〝そっち側〟にいるとは思わなかったね」

　２００安打が重なり、それが新記録へと近づく数年間で、イチローは「記録を喜んでくれる人たちと、（記録挑戦の）失敗を期待する人たち」の両極の存在を強く感じるようになっていた。94年からずっと高峰を走り続けてきたイチローの場合、どんな結果を出そうとも１００かゼロ、〝まあまあだった〟で評価されることはない。彼の歩む道の険しさが、連敗脱出のやりとりから想像できた。

　公式戦全日程を終えた9月28日アスレチックス戦後は、「なぜか晴れやかですね」と切り出した。「２００安打を続けることに対して区切りがついた。ようやく『追われること』がなくなったので、ちょっとホッとしています」

　10年続いた２００安打が終わろうとしていたとき、どんな気持ちで過ごしたのか。

「ひょっとするとすごく動揺する自分が出てくるかと思ったのですが、そうではなかった。それは（ずっと以前から）２００安打が難しいものだと感じていて、（それでも）ギリギリのところでやり遂げてきた自負があるからなんでしょう。余裕をもって（２００本）打てたのは実質3回くらいだったのでね」

メジャー1年目から毎年２００安打という高いハードルを越えてきたことで、周囲はいつからか、それが当然と思うようになっていた。だが本人は誰よりも客観的にその難しさを認識していた。潔さと歯切れの良さにやり切った思いがのぞいた。

オールスター出場、打率3割とゴールドグラブの連続記録も終わった。そしてこの年を境に、「加齢による衰え」というステレオタイプとの戦いも本格化していく。前年の２０１０年、36歳で２００安打、30盗塁とゴールドグラブ賞を同時達成し、１６２試合すべてに先発した強靱さを讃えた日米メディアが1年後、手のひらを返すように「イチローはもう歳だから」と連呼しだした。２００安打の重圧からようやく解放された彼を、違う種類のプレッシャーが追いかけてきた。

「そう言う人たちは、分かりやすい理由で（問題を）片付けたいという心理があるのでしょう。誰もがそうであるように、僕にもそうあってほしいと……。だから結局、結果を出すしかない。対策はもう、それしかないんです」

イチローは２０１１年シーズン終了後、自宅から3㎞ほどの場所にある、長い坂道をよく走っていた。片道約2㎞の急勾配、自宅から坂の上まで往復約1時間のロードワーク。

「車を運転しながら、いつか走ってみたいな、なかなかあの距離はしんどいだろうなと思っていた。そんな怖いもの見たさみたいな気持ちがあって、走ってみたんです。そうしたら（最初は）坂の上の手前くらいで（足が）止まってしまった。帰り道もフラフラになりつつだったのですが、そこで一応の目安ができた」

ギリギリで走りきれるかどうかの坂道ロードワークに、彼がそれまで課せられてきたシーズン２００安打を連想した。彼が言うように、ある程度の余裕を持って２００本のハードルを乗り越えたのはせいぜい3、4回。その他のシーズンは公式戦が残り少なくなって何とか滑り込む、というイメージだった。

それらの年の取材ノートを読み返すと、やりとりの重苦しさが蘇《よみがえ》ってくるようなコメントばかりが目につく。彼にしか味わえない、あの２００安打継続の苦しみは、ひとまず終わった。ただ、本当にイチローはそれで納得できているのだろうか……？

10年におよぶ積み重ねがリセットされ、自分を追い込みたい心境だったのでは、と聞いてみた。

「何かを奮い立たすためにやる、ということは一切ないです。やっていることは違いますが、体が欲するからやるというスタンスは何も変わらないです」

イチローはさっぱりした顔で言い切った。だが、何も変わらないと語った彼の周辺は、その後も目まぐるしい速さで変化していった。

2012
ヤンキースへの電撃トレード

シアトル・マリナーズ / ニューヨーク・ヤンキース（7/23~）

●

出場試合数 162　シーズン安打数 178　通算安打数 2606

２０１２年は、いくつもの変化がイチローの周辺に訪れた。そしてそれらの変化には前向きなもの、そうでないものが混在していた。

川﨑宗則のマリナーズ入りは新年早々の朗報だった。ソフトバンク主力内野手の約束された地位を捨て、キャンプ招待選手からメジャー昇格を目指すという。世間一般では無鉄砲と受け止められた挑戦だが、イチローの反応は違っていた。

「おバカに見える真っすぐさ。あれがムネの最大の武器でしょう」。そう評しながら、その熱さに刺激を受けているようだった。

岩隈久志の入団も決まった。

「まさか同じチームで一緒にできるとは想像していなかった。僕にとっては思いがけない良いニュース」。２００９年ＷＢＣではライト守備位置から、「こんなに守りやすいピッチャーはいない」とテンポの良さに感心していたという。

「3人で、同じユニホームでグラウンドに立てることを楽しみにしています」

11年前の春、日本プロ野球界のスーパースターは未知の世界に飛び込んだ。川﨑、岩隈それぞれの決断に、自分を重ねたのか。

キャンプイン直後には3番への打順変更が発表された。それまで何度か暫定的に務めた打順だが、開幕前から本格的に準備するのは初めてだ。２０１１年途中から首脳陣と話し合いを重ねていたこともあり、「可能性があることは前から想像していたし、気持ち的にはずっと準備してきた。僕にとってもう普通のことになっている」と平然としていた。２００１、２００７、２００９年と、少ない長打を圧倒的なヒット数で補ってシルバースラッガー賞を獲得した。「３番に入ったからといってホームランが増えるはずもないし、それを分かって（監督が３番に）しているわけですから、僕がやれることは変わらない」と、自信めいた口調だった。

３月28日、東京ドームでのアスレチックス戦。３番打者で、開幕戦自己ベストの４安打をマークした。だがゲーム後、「一番大きかった」と珍しく自賛したのは、延長11回１アウト一塁でダスティン・アクリーの盗塁をアシストしたプレーだった。

甘い直球をわざと見送り、好スタートを切った同僚を得点圏に進める。その２球後、左腕ジェリー・ブレビンスの外角低めのスライダーをセンター前に転がす。打線のつながりを意識し、自らも小刻みにダメージを与えていく。イチローがイメージした通りの３番像だった。

その前日、練習後のロッカールーム。監督から開幕メジャー入りを伝えられ、嬉しさのあまり号泣する川崎を労《ねぎら》うイチローがいた。

「あの立場から（開幕ベンチ枠を）奪い取ることがいかに難しいか……。自分のことで誇らしく思うことはないけど、他人のことで誇らしく思うときがたまにある。その一番上にくる出来事かもしれないですね」

愚直に夢を追った後輩は、オープン戦1位の打率4割5分5厘で晴れの日を迎えた。ともにプレーすることを目標とされた自分が、奮い立たないわけはない。

しかし、アメリカに戻ってからはマイナスの変化が続いた。チームは4月28日から5月4日にかけ7連敗。その頃から、球団内外のフラストレーションは看板選手であり、最も古株のイチローに向けられるようになった。

明らかな変節を見せたのはエリック・ウェッジ監督だった。終盤の3点リードを守れず4連敗となった5月17日インディアンス戦後会見。4度の好機すべてに凡退したイチローに、同監督は「もっと良い仕事をしないといけない」と手厳しかった。2012年、3番での得点圏打率はその時点で1割7分1厘(41打数7安打)。通算での得点圏打率が3割3分近いイチローに、指揮官が不満を募らせたのも仕方ないだろう。ただ前年までは起用法、休養などを事前にしっかり話し合い、結果が出ない時期でも「イチローも人間だから」と、決して声を荒げなかった同監督が、そういった気遣いを見せなくなっていた。

6月1日ホワイトソックス戦から1番に戻ったイチローは、同2日に通算6度目の1試合2本塁打を放った。だがその後も好不調の波は大きく、6月18日ダイヤモンドバックス戦で同年2度目の欠場を余儀なくされる。

「こういう（不振）状態で休みをもらうことと、ずっと結果が出ていて（の休養）とでは意味が違う。悔しい気持ちしかないですね」

首脳陣から先発を外れることへの前日通知や説明などは一切なく、この日は5回途中からベンチ裏で川崎と一緒にバットを振って悔しさを紛らわした。

翌19日同カードの1打席目、センター前ヒットでメジャー通算2500本。このゲームで4安打したものの、何度も大きな息をつきながら「最近思うのは、今まで打ってきた2400何本というヒットが、今日の試合には何の役にも立たない世界にいるということ」と絞り出した。出場1817試合での2500安打到達は20世紀以降で4番目の速さだ。しかし1回の一塁上で敵地のファンから盛大な拍手を受けた際も、何事もなかったかのようにやり過ごした。

7月初旬、打順が話し合いもないまま2番に変わった。地元紙シアトル・タイムズが、マリナーズOBジェイ・ビューナーの「もしマリナーズとイチローが複数年で再契約をしたら、吐き気がする」とのコメントを大げさに報じたのもこの頃だった。

ビューナーはイチロー入団前のレギュラー右翼手。スキンヘッドと野性味あふれるキャラで1990年代マリナーズのチームリーダーだった。地元で人気を誇るOBのネガティブ発言。5年契約最終年で、去就が注目されていたイチローに対する一部の批判的な空気感を、端的に表していた。

チームが苦境に置かれたときこそ、ひとりひとりの選手は自分のやるべきことにより集中するべきだ。それぞれの個が改善されれば、その総和が結果的に集団のパフォーマンスを押し上げていく。そんなイチローの考えは、最後までシアトルでは理解されないままに思えた。

大声を張り上げ、仲間を叱咤激励するビューナーのようなリーダーを多くの地元メディアは切望し、イチローには〝マイペースな個人主義者〟のレッテルが貼られたままのようだった。ただ、イチローが、彼らの思うように〝自分のことしか考えない選手〟だったならば、早々にシアトルを去り、もっと自分にスポットライトの当たるチームへ移っていただろう。川崎や岩隈のチャレンジに共感することもなかったはずだ。

この約1年半前、マリナーズ以外のチームで戦う選択肢があったかどうかをイチローに尋ねたことがある。その時、彼は「あそこ（2007年の契約延長前）で動かないなら、もう（自分から移籍を求めることは）ないです。シアトルで（メジャー現役生活を）成就すべきでしょう」ときっぱり言った。

ワールドシリーズ優勝はマリナーズで目指すのか——。そんな問いへの返事は、こうも力強かった。

「当たり前ですよ。ここ（シアトル）でしかなりたくない、くらいです。まあ、それはちょっと言い過ぎかも知れませんが、気持ち的にはそうです。戦力として必要とされてというのはもちろん大前提ですが、時間をかけてきたものに愛情が生まれるのは当然です。チームメイトは変わっていきますが、ここ（シアトル）のファンはいつも一緒でした。シアトルのファンと僕の関係は、時間がたてばたつほど濃密になっていると感じているので、そこで（公式戦最多タイとなる116勝を記録した）2001年みたいにみんなで盛り上がりたいと考えるのは自然なことでしょう」

2001年からの10年間、ほとんどのシーズンでマリナーズは低迷したが、イチローはその間のメジャーリーグを代表するオールラウンド・プレーヤーとして輝いた。勝てない原因がイチローだけにあったとはとても思えないが、それでも彼はそれらの批判に抗《あらが》うこともなくただ自分の生活すべてを野球に捧げてきた。

にもかかわらず、イチローが再びチーム内外からの強い逆風に晒《さら》されていた。チームの復活を信じ、いつかファンとともにその日を、という彼の想いがなかなか伝わらない。取材者としてもむなしく、切ない気持ちの数週間だった。

そんなもどかしい日々を送りながら、やがてあの7月23日を迎える。ヤンキースへの電撃トレード。それは間違いなく2012年最大の変化だった。

ヤンキース球団傘下スポーツチャンネルYESが「イチローをトレードで獲得」と速報した2012年7月23日の午後。担当記者はヤンキース番の同僚とのん気に蟹を食っていた。慌てふためいて球場に駆けつけたとき、イチローの記者会見はもう始まろうとしていた。

シアトルでのヤンキース3連戦初日、衝撃のニュースだった。マリナーズに骨をうずめる覚悟だったイチローが、とうとうトレードを受け入れたのだ。初めて背負う「31番」。右ひじを痛め、長期離脱が確実となった左翼手ブレット・ガードナーの代役という。

「二十代前半の選手が多いこのチームの未来に、来年以降、僕がいるべきではないのではないか……。そして僕自身も環境を変えて、刺激を求めたいという強い思いが芽生えてきました。そうであるならば、できるだけ早く去ることが、チームにとっても僕にとっても良いことなのではないか……」

会見冒頭の声明文を読み上げる声が、かすかに震えていた。表情は硬い。本意ではない、だがやむにやまれぬ決断だったことが伝わってきた。

その数時間後、早速ヤンキースの一員として戦ったイチローは、三塁側ビジター用ロッカーで再び報道陣に囲まれた。

「いろんなネガティブなこともたくさんあった。でもそこで『No』と言えば、（その後も）ネガティブな挑戦が待っている。ただ、『Yes』と言えば前向きな挑戦が待っている。そのどちらを取るのか、そんな迷いがありました」

決断までの心境をそう語った。

この前日、フロリダ州タンパでのレイズ戦取材を終え、日付が変わる頃にシアトルに戻っていた。カンザスシティからタンパと続く敵地2カードは、シアトル常駐の取材記者にとっては一、二を争う過酷スケジュールだ。

いずれも小さな地方空港で連絡便が少なく、現地での記事送信を完了してからではギリギリの移動を強いられる。だがこの遠征では、意外なほどスムーズに仕事も乗り継ぎも終えることができた。ホッとした気持ちで迎えたそんな月曜日だったが、ほぼ徹夜で記事を書きまくることになった。

激動の3連戦が終わった翌日、7月26日。チーム関係者らに別れの挨拶を、と球場を訪れた担当記者は、セーフコ・フィールド一塁側ベンチの〝穴〟が閉じられていたのに驚いた。

バックネット側の端、ベンチ板に開けられた直径約10㎝の穴は、試合中にイチローがバットを立てかけるためのものだった。残しておけば、日米希代のヒットマシーンの遺産として、スタジアム内観光ツアーでの名物となっていただろう。球団グッズショップでは、早くも51番Tシャツやユニホームが半額で叩き売りにされていた。勝てないときも、地元ファンに記録挑戦の話題を提供してきたフランチャイズの顔、しかも将来の米野球殿堂入りが濃厚な者への処置にしてはあまりにドライだ。当時の球団フロント、首脳陣とイチローの冷えきった関係が想像できた。

彼が予感したように、たとえマリナーズに残ったとしても、真綿で首を絞められるような状況は続いていただろう。どうせ厳しい道を行くならば、未知の環境で、前向きな気持ちで戦いたい——。迷ったときは前に進んできた彼が、そう考えたのはごく自然に思えた。

「イチローは、ジーターと仲良くできると思うか？」。あの3連戦中、何人ものヤンキース番アメリカ人記者から同じことを聞かれた。イチローが「チームのために」という言葉を口にしないことを、NYメディアの面々は知っていた。そんな選手が、規律を重んじ、主将デレク・ジーターを中心とした常勝球団でやって行けるのか？　だがそんな彼らの懸念は数日で消えていた。

「あれだけ落ち着いた、何事にも動じない空気。とにかく、クラブハウスの空気が（僕にとって）理想的なんです。（試合前、気持ちの）スイッチを入れる必要がない」

イチローが、感心したように話したのは7月27日レッドソックス戦前だった。勝っても騒がず、負けても落ち込まない。それは決して冷めているのではなく、ベンチ入り25人がそれぞれの役割に集中しているからだ——。移籍3日目にしてイチローは常勝チームの根底に流れるものを感じとっていた。

勝つことに慣れていない集団は、その時々の運や勢いを味方に付けないと好調が続かない。そしてそんなチームでは、声の大きな者や、威勢のいい者がリーダーになりがちだ。しかし勝つことを常に期待され、それに応えてきたヤンキースのようなチームは違う。そこでは自分たちの力を最大限に、安定して発揮できる環境が一番大事にされているようだった。

「勝てない日が続いたときでも、自分がやろうとすることに対してやる気を失ったことはなかった。だからペナントを争っているチームに入ったからといって、僕が特別にやるべきことはない。（自分はこれまでも）毎日を『これ以上できない』という状態でやってきたつもりなので」

ひどい逆転負けの後でも、ジーターがさらっと「明日また頑張ろうぜ」と言い残して帰っていく。劇的勝利にもお祭り騒ぎはない。一見して、勝ったか負けたか分からない試合後のクラブハウス。これまで経験したことのない整然としたムードのなか、イチローの走攻守は輝きを取り戻していった。

8月19日、本拠地でのレッドソックス戦6回。この日2本目のホームランをライトスタンドに打ち込んだイチローは、ベンチ隅の階段を駆け上がるとその勢いで身体を回しながらヘルメットを掲げた。ニューヨークで初めての〝カーテン・コール〟だ。「気持ち良かった」の短い言葉がすべてを表していた。

2012年マリナーズでの前半戦は打率2割6分1厘も、ヤンキース移籍後はこの日までに計87打数28安打、打率3割2分2厘。新チームの文化だけでなく、ファンからの大きな注目も活力となっていた。

「それぞれのプレーにリアクションが大きいから楽しいですよ。実際に(観客の)数も多いし、よく見られているのが分かる。いいプレーを見たい、という人がいっぱいいる。そういうのをビンビン感じるので、いろんなことをやりたいですね」


球宴後、ヤンキースは三塁アレックス・ロドリゲス、一塁マーク・テシェイラら主力に故障者が続出。一時は10ゲームあった2位との差がみるみる縮まっていった。9月6日の首位攻防戦で敗れ、オリオールズに東地区同率1位で並ばれた夜。敵地カムデンヤードを埋め尽くした4万6000人以上の雄叫びを聞きながら、イチローは「(このボルティモアの街に)こんなに人が住んでいるとは思わなかった」と笑みを浮かべていた。

「シビレますね。勝ちたいという気持ちがまた強く生まれてくる。野球選手としてはなかなか幸せです」

もともと〝プロは見られてナンボ〟という考えだ。低迷する球団で長く戦ってきた彼にとって、この注目度が闘争心を刺激しないわけはなかった。

9月19日、ブルージェイズとの本拠地ダブルヘッダーでは計7安打、4盗塁。2試合目の8回、レフト前へ勝ち越しタイムリーを放ち、さらに二盗、三盗を立て続けに決めた直後だった。鳴り止まない「ＩＣＨＩＲＯ」コールは、彼がヤンキース後半戦の救世主であることを告げていた。翌日の同カードでも、本塁打を含む2安打3打点で5連勝に貢献。9月24日には２０１０年9月以来自身4度目となる週間ＭＶＰを獲得した。

「ここ（ヤンキース）では集中するために自分で何か特別なアプローチをする必要がない。勝手にそうさせてくれるから」

10月3日、チームはレッドソックスとの公式戦最終戦で地区優勝を決め、イチローは初めての〝シャンパン・ファイト〟を味わった。２００1年マリナーズでの地区優勝時は、米同時多発テロの影響で祝宴は自粛されていた。地区優勝記念のＴシャツとキャップをびしょ濡れにしたイチローが、「ここに来たのは少しでも僕の力を必要としてもらうこと、結果を出すことだった」と、フィールドでは絶対に見せないような笑顔で言った。

チームはオリオールズを地区シリーズ第5戦で下し、リーグ優勝決定シリーズに進んだが、強力先発投手陣を擁するタイガースに屈した。10月18日、4連敗でシーズン終了となったゲーム後。

「悔しい気持ちしかない。ただ、こういう気持ちは久しく味わったことがなかった」と話したあと、こう続けた。

「ここ（ヤンキース）でしか味わえないものは確実に存在する。これまでシアトルでプレーしてきて孤独を感じる時間がすごく多かったんですが、そこで自分なりに戦ってきたことは、確実に自分の力になっていたと思った」

ワールドシリーズ制覇というヤンキースとしての命題は果たせなかったが、自らの前進を感じとった約3カ月だった。

移籍という大きな賭けは、まず吉と出た。ヤンキースでのイチローの走攻守は、2013年以降への期待感を膨らませるに十分なものだった。

2013

日米通算4000安打

ニューヨーク・ヤンキース

●

出場試合数 150　シーズン安打数 136　通算安打数 2742

ヤンキース残留が決まったのは、2012年の師走だった。12月20日、都内の撮影スタジオ控え室。CM収録で上京中だったイチローはいつもの淡々としたトーンだったが、言葉の端々に自負と充実感をにじませた。

「本来あるべき思いが、あのチームにはあります。あの場所でもう一度機会を与えられたことに、新たな覚悟が生まれています」

2013年開幕まで、ヤンキース加入のFA選手で複数年契約はイチローただひとり。39歳という高齢、しかも生え抜きではない選手としては異例の扱いだ。

「ポテンシャルだけでやってきた39歳と、いろんなものを積み重ねて、さまざまなことを考えて、そこに来た39歳を一緒にしてほしくないと思っています。ヤンキースはそのことを理解してくれているということではないでしょうか。とても感謝しているし、その気持ちに応えたいですね」

再契約を喜んだ理由はヤンキースの文化にあった。勝ってはしゃがず、負けても動じない。時間をかけて培われた勝者の落ち着きと、激しい競争が生み出す緊張感。

「(当時の現役最多、通算647本塁打の)アレックス・ロドリゲスでさえ代打を出される。そういうことが唯一起こり得るチームに身を置ける」

2012年後半から加わり、そこで発見した「理想的な環境」で、今度はフルシーズンを戦うことができる——。しかし2013年のヤンキースではキャンプ中から故障者が続出し、ここでイチローが想像していた状況とは違う現実が待っていた。

4月1日、チームはレッドソックスとの本拠地開幕戦を遊撃デレク・ジーター、三塁アレックス・ロドリゲスに一塁マーク・テシェイラ、中堅カーチス・グランダーソンを欠いたままで完敗した。この主力4人の2012年本塁打、得点、打点合計はそれぞれ100、341、305。実に前年チーム同項目41・2％、42・4％、39・4％がごっそり抜けたかたちで、この穴を埋めるため、フロント陣はキャンプ途中からなりふり構わず代役をかき集めた。

開幕前ともなれば、各球団とも体制はほぼ固まっている。応急的な補強戦力は他球団の長期プランから外れた者、未契約だったベテランばかりで、当初の戦力構想は大幅修正を強いられた。そしてそのいびつなロースターのしわ寄せは、外野陣のやり繰りにも大きく影響した。

4月3日レッドソックス戦8回、イチローは2013年1度目の代打を送られた。一方的な負け試合だったが、マリナーズ時代には珍しかった彼の途中交代が開幕2試合目で発生した。4月6日タイガース戦では5試合目にして先発から外れる。このゲームでは敗色濃厚の4点差9回1アウトで代打し空振り三振。初戦からその打席まで、わずか1安打だったこともあり、イチローも「結果を出さないとゲームで使ってもらえないから、この流れは仕方ない。分かりやすい理由と思っている」とさばさば話すしかなかった。

4月23日レイズ戦。2012年ア・リーグのサイ・ヤング賞左腕デービッド・プライスから反撃の起点となるライト前ヒットを放ち、9回には抑えフェルナンド・ロドニーからセンター前に勝ち越し2点タイムリー。試合後は「今日みたいな日が偶然降ってきたわけではない。それは自分でつかむもの。こういう日は待っているだけでは来ない」とプライドをのぞかせた。出場機会が少ないなかで調整する難しさを問われたときも、「僕からは説明しません。『これが難しい』なんて僕が言ったらファンは失望するでしょ」と苦笑いでかわした。だが5月半ばには自己ワーストタイの5試合連続ノーヒットを記録するなど、その後も打撃は安定しなかった。

200安打を10年続けていた当時でも、イチローは公式戦のバッティング感覚を固めるまで1カ月前後かかった。不規則な起用はそのプロセスを遅らせ、確かなかたちをつかめないままシーズンは深まっていった。彼が理想としたロッカールームの雰囲気はヤンキースならではだったが、不振からの復調を待ってくれないのもまたヤンキースだった。

6月25日、ニューヨークでのレンジャーズ戦。黒田博樹とダルビッシュ有が投げ合ったゲームは、イチローの右越えサヨナラソロ本塁打で決着した。6月の月間打率は2割9分2厘、7月は同3割5厘。主将ジーターが故障から戦列復帰し、試合前には松井秀喜氏の引退セレモニーが行われた7月28日レイズ戦では同年初の4安打でもり立てたが、一気に上昇というところまでいかない。そしてジーターは、わずか4試合で故障者リストに逆戻りし、テシェイラは右手首手術で同シーズン中の復帰が絶望となった。一進一退を繰り返すイチローとヤンキース。日米通算４０００安打達成の瞬間は、彼もチームも苦しいなかでやってきた。

8月21日、ヤンキースタジアムでのブルージェイズ戦1回1アウト。２０１２年ナ・リーグのサイ・ヤング賞、Ｒ・Ａ・ディッキーのナックルボールをレフト前に運ぶと、球場は大歓声に包まれた。センター後方大型スクリーンに燦然《さんぜん》と輝く「４０００」の文字。「ＩＣＨＩＲＯ」コールがなかなか鳴り止まない。一塁ベンチからチームメイトが祝福に駆けつけ、試合はプレーボール早々から5分近く中断した。

「あんなふうに喜んでくれるとは全く想像していなかった。特別な瞬間をつくってもらった」。観客席がやっと静まりかけた頃、イチローはヘルメットをとり、彼らに向かって頭を下げた。「僕のために時間をつくってくれるのは想像できない。それもヤンキースタジアムで……。ただただ感激しました。（達成のかたちは）1打席目が一番きれいだと思っていた。レフトスタンドへのホームラン以外は、どんなヒットも僕らしくなると思っていた」

どんなときも地道な準備を大切にし、こつこつヒットを積み上げてきた。「（４０００安打の裏には）８０００回の悔しい思いがある。誇れるとすれば、常にそれと自分なりに向き合ってきた事実だと思う」。苦しい闘いの真っ只中で出た言葉には説得力があった。

「ちょっとややこしい言い方になりますが、諦められないんですよ、いろんなことが……。諦められない自分がいることを、諦めるということですかね」とも言った。出場機会が減ったり、「もうピークは過ぎた」と周囲からの声が大きくなるほど反骨心が湧き、ヒット1本への執着は強くなっていく――。4000本の源流を感じさせるコメントだった。

チームのプレーオフ進出は158試合目で絶たれた。ヤンキースが公式戦で敗退したのは5年ぶり、21世紀で2度目だ。この時点まで一度も戦列を離脱しなかった野手は二塁ロビンソン・カノーとイチローくらい。21人が計28度故障者リストに入り、同年のベンチ入り25人に登録された者は球団史上最多の56人という異常事態だった。

特に痛かったのはジーターの長期欠場だろう。攻守の要、精神的支柱が左足首痛でわずか17試合の出場だった。抑えマリアノ・リベラ、先発左腕アンディ・ペティットと、5度のワールドシリーズ制覇に貢献した2人もこのシーズン限りでユニホームを脱ぎ、戦力の刷新は避けられないものになっていた。

9月29日の最終戦に出場機会がなかったイチローは、「もう一周やりたい。もう162試合やりたいですね」と不完全燃焼感を漂わせた。日米通算4000本の節目は通過したが、打率2割6分2厘、136安打、20盗塁は自己最低。39歳以上での規定打席到達は2013年両リーグでイチローだけだったが、その数はメジャー13年目で最も少ない555だった。

12月、ヤンキースはレッドソックスからFAのジャコビー・エルズベリーを7年総額1億5300万ドル（約156億円）で、カージナルスからFAのカルロス・ベルトランを3年総額4500万ドル（約46億円）で、立て続けに獲得した。この時点ですでに外野は6人。クリスマス前のウィンター・ミーティングでブライアン・キャッシュマンGMは、「中堅と左翼はエルズベリーとガードナー、右翼とDHはベルトランとソリアーノの併用になるだろう」とコメントし、イチローにはまったく言及しなかった。

期待と前向きな気持ちであふれた再契約からちょうど1年。対照的な状況が待っていた。イチローの2014年は始まる前から暗雲に覆われていた。

2014
鉄壁のルーティーン

ニューヨーク・ヤンキース
●
出場試合数 143　シーズン安打数 102　通算安打数 2844

２０１４年は、取材者としてイチローの執念を感じたシーズンだった。

「いろんなことを諦められない自分がいることを、諦める」。前年、日米通算４０００安打達成時に口にした言葉には、何があってもフィールドに立ち、自分のプレーを全うするという意思が込められていた。そんな彼の根底にあるものが、出場機会の減少でより分かりやすく見えた気がした。

キャンプ前からトレード放出の噂は絶えなかった。いつ先発できるかだけでなく、途中出場でもいかなる局面で、どのように起用されるかも最後まではっきりしなかった。それまで20年近く、毎試合フル出場が当然のように思われてきた彼は、そんな便利屋のような扱いにどう処したのか。この年の取材ノートを読み返すと、粛々と「やるべきこと」に徹したイチローがいた。

公式戦初出場はチーム消化３試合目の4月3日、ヒューストンでのアストロズ戦。イチローは3回のレフト前ヒット、７回の左中間二塁打で得点に絡む。４−２でのヤンキース初勝利に貢献したが、それら2安打よりも印象的だったのは7回の走塁だった。

２アウト二塁、９番打者ヤンハービス・ソラーテ（元阪神）がキャッチャー前に高々と打ち上げた。これを相手野手がお見合いし、打球がポトリと落ちる。そのとき既に、イチローはホームを駆け抜けていた。

「あのケースでは（途中から）ジョギングしてでも得点できます。ただ、そういう（全力で走る）姿が生きるんです」

一切スピードを落とさなかったのは、隙を見せない大切さをチーム全体に伝えたかったからだった。

２０１３年暮れにチームが外野陣を大補強し、戦力としてのイチローの立ち位置は危うくなった。他のレギュラーのケガや調子次第では、40歳控え外野手はベンチ入り25人枠からいつ外されてもおかしくなかった。ちょっとしたアクシデントや気の緩みも許されないなかで、彼はいつも通りの準備とプレーを積み重ねた。

あの平凡な打球が上がった瞬間、球場内の空気は緩んだ。観客、両チームのほとんどが攻守交代に意識を移したとき、イチローだけが全力疾走していた。いま振り返れば、それは２０１４年の彼を象徴するようなシーンだった。

大きなピンチは2度あった。まずは5月11日、ミルウォーキーでのブリュワーズ戦で腰を痛めたときだ。６回ノーアウト一塁でのライト守備。浅いライナーを滑り込んで捕ろうとして左ひざが芝に引っ掛かり、腰を強く捻《ひね》ってしまった。打球後逸は何とか防いだがギックリ腰を発症、その後の打席では代打を送られた。

「（体が芝で）滑ってくれれば捕れた可能性があった。ランナーが止まっていないのは見えていたし、（ノーバウンドで）捕っていればダブルプレーですよ」。そう気丈に話したが、実は痛みでハンドソープのボタンを押すことさえつらかったという。

再び先発機会が回ってきたのは18日パイレーツ戦だ。それまで試合前全体練習もままならなかった約1週間、イチローは舞台裏でひと芝居打っていた。負傷の翌日、チームドクターに回復具合を問われ、ひとまず80％と申告。「それならMRIを受けろ」と命じられた瞬間、「やっぱり100％」と言い直し、何とか検査を回避した。そして数日後、再度のMRI検査要請を「閉所恐怖症なので（無理）」ととっさの方便でかわす。どちらもジョークっぽい言い回しが効いたという。

復帰戦2打席目でゲリット・コールからライト前ヒットを放ったものの、腰は完治していなかった。試合後、イチローは「結果を出さないと（試合に）出してもらえないから、それは元気である、ないは関係ない」と意地をにじませた。故障者が続出した同年のヤンキースで、試合に出ることへの執着は際立っていた。

腰の痛みがほぼ癒えた6月上旬。2度の検査を拒んだ理由を「DL（故障者リスト）に入ってしまうと、その分だけ試合に出られる可能性が少なくなるから」と語った。もしどちらかで検査を受けていれば、即刻DL入りしていた可能性が高い。そしてそのまま契約を解除され、現役生活が終わっていたかもしれなかった。巻き返しは、試合に出ることでしか成しえなかったのだ。

もちろんイチローは、ただ完治を待っていたわけではない。故障後は自宅と本拠地球場に置かれた初動負荷トレーニングマシンで時間をかけて体を温め、血流を増やすことで回復を早めようとした。全快後の7月にも、鳥取から初動負荷理論の提唱者・小山裕史氏を呼び寄せ、1日約3時間のマッサージ治療を施す念の入れようだった。ナイター後の深夜、遅い夕食を終えてから施術を受ける。小山氏が汗だくで腰や脚を指圧すると、イチローが痛みに耐えかねて呻《うめ》き声を上げる。あまりの大声に、隣家が警察に通報しないか弓子夫人が心配したほどだった。

2度目のピンチは8月中旬にきた。ヤンキースは7月末のトレードで右打ち三塁手マーティン・プラドをダイヤモンドバックスから獲得。プラドは内野が本職だったが、首脳陣がしばしば両翼で使ったことで、イチローの出番はさらに減った。起用はもっぱら終盤の守備固めか代走。8月10日インディアンス戦以降は1週間以上も打席に立てなかった。

「こんなに（公式戦の打席と打席の間隔が）あいたことは今までにない。足先がフワフワする。手の届くところはもう何でも（バットを）振るという感じ」。久しぶりの先発となった同19日アストロズ戦後にはそう困惑気味に話した。実戦感覚はオープン戦初めの状態に一時的に後退していたと思われるが、それでもイチローが鉄壁のルーティーンを崩すことはなかった。

専属通訳のアラン・ターナーは、控え捕手オースチン・ロマインの言葉が今も強く記憶に残っているという。

「僕はこの日を一生忘れない。今日この部屋で見たこと、学んだことを、いつか自分の子どもたちに伝えたい」

8月13日、敵地オリオールズ戦前にマイナー降格が決まったロマインは、試合後チームと一緒にニューヨークに移動することになり、ゲーム中はクラブハウス内で待機していた。そして、そこで若手捕手が目撃したのは、既に名声を獲得したスーパースターが、いつ訪れるかも分からない出場機会のため、一心不乱に汗を流す姿だった。

その日も先発を外れたイチローは、2回頃から普段通りのルーティーンを開始した。まずベンチ裏ケージで一回20〜30球ほどのティー打撃を2セット行った後、クラブハウスで素振りとストレッチ、ダッシュを繰り返す。いつ呼ばれても大丈夫なように、スパイクは履いたままだ。クラブハウスの雑用係ほか数人しかいないガランとしたロッカールームでは、モニターテレビの実況音声とイチローの息づかいだけが聞こえていた。

2014年の達成記録は例年に比べて少ない。4月9日オリオールズ戦で日米通算3018試合出場となり、野村克也のプロ野球記録を超えた。8月9日インディアンス戦ではコリー・クルバーからの遊撃内野安打でメジャー通算2811本。ジョージ・シスラーを抜いて安打数歴代単独48位に浮上した。9月27日レッドソックス戦ではオリックス時代からのシーズン100安打を21年連続で成し遂げ、同プロ野球記録の王貞治に並ぶ。打率2

割8分4厘は前年を2分ほど上回ったが、102安打はメジャーでの自己最少、本塁打も1本。OPSも6割6分4厘ともの足りなく、規定打席にはメジャー14年目で初めて届かなかった。

9月28日、最終戦のレッドソックス戦でイチローは同シーズン限りで引退が決まっている主将デレク・ジーターと1、2番を組んだ。2006年オールスターから5年連続でア・リーグの1、2番を務めたコンビの復活だ。一時代を築いた両雄への〝最後の花道〟という雰囲気が漂ったが、イチローの試合後コメントは2015年以降への強い意欲を示していた。

「去年は最後にいいカタチになっていたかどうか半信半疑だったけど、今年は最後まできっちり自信を持ってグラウンドに立てる自分がいた。今後の自分の支えになる時間でした」

このまま終わるつもりはない。その意思は伝わってきたが、どこで、どのようなかたちで実現できるのか。この時点で予想できた者はいなかった。

2015
マーリンズ入団

マイアミ・マーリンズ

●

出場試合数 153　シーズン安打数 91　通算安打数 2935

２０１５年1月29日、東京都内のホテルにマーリンズ球団幹部が勢ぞろいした。たったひとりの日本人選手のため、その母国で催された入団会見。彼らがマイアミから片道20時間以上をかけて来日したのも異例だった。ひな壇のイチローは、「日本で（入団会見を）実現できるというのはあり得ないことと認識していて、ただただ恐縮するばかりです。やたらに（球団の）熱い思いが伝わってきて、この思いに応えたいと思いました」と力を込めた。

情けないことに、担当記者はイチローのマーリンズ入りをまったく予期できなかった。マイアミはア・リーグが主戦場だった彼にはなじみが薄かった。メジャーリーガーとしての出発点シアトルから物理的に最も遠く、交流戦で1度遠征しただけ。知った選手、コーチなど関係者は少なく、チーム情報そのものがほとんどない。何より意外だったのは、イチローが4番手外野手の役割を引き受けたことだろう。２０１３年途中から２０１４年にかけて出場機会を安定して与えられなかっただけに、そのようなチャンスをより多くもらえるチームを望んでいる、と勝手に思い込んでいた。

マーリンズ外野陣は右翼ジャンカルロ・スタントン、中堅マルセル・オズーナ、左翼クリスチャン・イエリッチで固まっていた。いずれも２０１５年開幕時点で25歳以下と若く、前シーズンは3人だけで計２４４打点、69本塁打。２０１５年開幕までの時点で、外野レギュラートリオの守備、走塁を含めた総合力は30球団で1、2を争うとされていた。だがイチローが、マーリンズを選んだ理由はシンプルだった。「選手として必要とされることは、僕にとって何より大切なもの。大きな原動力になります」

ヤンキース時代後半はプレー機会が激減し、ときには屈辱的な扱いも受けた。それは思うような結果を出せなかったことが一番の原因だが、何よりイチローは「求められること」に飢えていた。１６０人以上の日米メディアが詰めかけ、20台ものテレビカメラが並んだ会見。「これからも『応援よろしくお願いします』とは絶対に言いません。応援していただけるような選手であるために、やらなくてはいけないことを続けていくことを約束して、メッセージとさせていただいてもよろしいでしょうか」と締めくくった。

2月24日からのキャンプでは、例年以上に笑顔が目についた。お調子者オズーナが練習前からちょっかいをかけ、イチローの反応に周囲が沸く。新チームにはラテン系選手や若手が多く、クラブハウスはやたら賑やかだ。全体的に大人しいマリナーズ、ベテランぞろいで整然としたムードのヤンキースと違うカラーを、イチローは「良いのか悪いのか分からないけど明るさはある。明るいのは好きです」と歓迎した。

新チームでの変化は同僚との距離感だった。マリナーズ時代終盤は球団内での存在感と実績で別格扱いされ、若手が遠慮してしまうようなところがあった。ヤンキースでの2年半は経験豊富な各自がそれぞれのペースで過ごすような状況。それがマイアミでは選手、コーチ陣がイチローの一挙手一投足に強い興味を示し、何かと質問を投げかけるような雰囲気だった。

キャンプ施設隣に特設されたコンテナ内では連日、初動負荷トレーニングを入念に行う姿があった。キャッチボール途中からぐんぐん距離を伸ばし、相手が音を上げるような遠投で肩を仕上げていく。外野ノックでは〝背面キャッチ〟でバランス、動作感覚を確かめ、走塁ドリルでは精密機械のように正確な歩幅、コーナーワークで先頭を走っていく。そして、全体練習最後のランニングでも一切スピードを緩めない。除湿装置付きジュラルミン製バットケース、超軽量の専用スパイクとグラブ、20年以上も形、重さが変わっていないバットや、あげくには〝ガラケー（日本製携帯電話）〟まで、マーリンズの人々にとってもイチローの入団はサプライズであり、その日常や言動すべてが新鮮なようだった。

3月23日メッツ戦では監督から早退許可が出たにもかかわらず、ベンチで終了を見届けた。オープン戦ではベテランやレギュラーが中盤までプレーし、交代後はフリー行動となるのが通例だ。しかしイチローは「コーチが（作戦、指示などを）細かく伝えてくれる。（ベンチ内の）雰囲気もいい」と、少年のような笑みで居心地の良さを口にした。

「これだけみんなと年が離れたら、価値観を共有したいという発想には全くならない。（新加入の正二塁手、26歳のディー・）ゴードンなんかは彼のお父さん（トム・ゴードン＝レッドソックス、フィリーズ、ヤンキースなどで救援投手）と対戦していたくらいです。良いのか悪いのか分からないけど、楽です。これは（一種の）諦めなのかもしれないですが、最初から『違うもの』だととらえています」

２０１５年開幕時、メジャー40人枠に登録されたマーリンズ選手で、41歳のイチローは断トツの最年長だった。レギュラー陣はほとんど20代、43歳のマイク・レドモンド監督のほうが世代が近い。年間２００安打を継続していた頃、他者を寄せつけないような緊張感をまとっていた彼は環境、立場が変わっていくなかで、他者への理解、気遣いを感じさせるようになっていた。

「（野球）道具やトレーニングの方法は進化している。だから人間も進化していなければいけない」。自らの使命に忠実に、すべてを野球に捧げてきた。気付けば周りは一回りも二回りも若い者ばかりになり、彼らの憧れやリスペクトを肌で感じられるようになったのか。

ファンの反応もそうだ。将来の米殿堂入りが濃厚な大選手が、メジャー球界では辺境のマイアミまでわざわざやってきてくれた。本拠地マーリンズ・パークでは、イチローが打席に立つ度に盛大な声援が贈られた。

４月25日ナショナルズ戦８回に日米通算１９６８得点、王貞治のプロ野球記録を超えたときだ。直後の守りで大型スクリーンに〝新記録〟達成を祝う表示がなされ、主砲スタントンが右翼定位置からキャップをかざして敬意を示した。「ああいうことが起こるとは思っていない。それは僕の心に刻まれる時間、確実に」。イチローが本拠地スタンドにキャップをとって返礼すると、総立ちでの歓声は一段と大きくなった。

4月29日、メッツ中継ぎ左腕アレックス・トーレスからダメ押しの同年初本塁打。まずベンチ内でもみくちゃにされ、マイアミで自身初めての〝カーテン・コール〟を経験した。8月15日のカージナルス戦1回、ライト前ヒットで日米通算4192本目とし、タイ・カッブの通算安打数を超えたとき。敵地で告知がなかったにもかかわらず、ブッシュ・スタジアム観客席から拍手が湧き起こり、それは次第に大きくなっていった。「日米通算なのでアメリカ人としては気にくわないこともあるだろうし、いろんな声があることも想像できる。でもこんなふうに（祝福）してくれると、やっぱりジーンときます」。試合後チームメイトのケーシー・マギー（元楽天、巨人はか）がその日のために用意していた日本酒で全員が祝杯。様々な場面で、イチローは「求められること」を実感したのではないか。

一方のマーリンズは5月17日、レドモンド監督が突然解任されてカオス状態に陥った。応急的に指揮を執ったのはダン・ジェニングズGM。戦力編成の責任者が初めて現場を任されるという珍しい人事だったが、未経験者に務まるほど甘くない。ちぐはぐなベンチワークが続いてチームは低迷。イチローの起用方針も定まらず、その好不調の波も大きかった。

チームが混迷していたこの頃、彼は日本から取り寄せた漢字ドリルに励んでいる。6月28日の夜、「いまのチーム状態です」と苦笑しながらペンを走らせ、「鬱」と書いた。「昔から字を書くことが好きで、暗記ものも得意でした。いま（昔は普通に書けていた文字を）思い出せない自分がイヤだ」

やると決めたことを徹底する。そしてそのルーティーンを丹念に積み重ねていく。それは習字や暗記ものと同じか、それ以上の強みだった。移動日や球宴休み、試合がない日の自主トレはマリナーズ時代から続いていた。マーリンズ関係者や同僚は当初驚いたが、そういった姿勢もイチローへの敬意につながっていた。

オリックス入団から2年目のオフ、イチローはパ・リーグ他球団の若手とともにハワイ冬季リーグに参加している。このときチーム宿舎で同部屋だった林孝哉（元ダイエー、日本ハム、ロッテ）からは、こんな話を聞いていた。

「ある晩、部屋でテレビを見ていたら（イチローが）急に腹筋（トレーニング）を始めたんです。回数はたぶん20くらいだった。で、また30分くらいしたら違う（かたちの）腹筋を始めた。彼が3度目の腹筋をやっていたとき、僕は心の中で『すごいな』と思ってはいたのですが、ジョークっぽく『20回くらいだったら、別にやらんでも変わらんやろ……』と言ってみたんです。そしたら急に真剣な顔で『孝哉、それは違うんだ。この20回が大事なんだ』って、話しました。2カ月一緒の部屋で過ごしてきて、そういうのをずっと見てきた。ああ、やっぱり普通とは違うなと思いましたね」

何事も妥協しない姿勢はどのチームにいても、何歳になっても変わらなかった。入団会見での「やらなくてはいけないことを続けていく」公約は、メジャー15年目でも果たされた。

打撃成績は球宴前の、自己ワースト34打席連続無安打の大スランプが響くなどで2割2分9厘。安打数は91でオリックス時代からの連続シーズン100安打が21で途切れた。イチローは「自分の数字は目を疑うもの」と自虐気味に評したが、「ただ、『あれをやっておけば』ということはひとつもない」とも言った。チームメイトや球団関係者らからのポジティブな視線は、確かな支えになっていた。

10月4日、フィラデルフィアでの公式戦最終戦。ほぼ勝敗が決した8回、念願のメジャー初登板を果たす。2二塁打を喫するなどで失点したが冷静に後続を断った。「みんながあやって（喜んで）迎えてくれたけど、自分の中に（思い通りではなかった成績への）悔しさが残っていた。何となく流れに乗っかる自分はそこにいなかった。それが（個人的には）ちょっと良かったかな」

ありあまるエネルギーを感じさせ、15年目のシーズンが終わった。

2016

「3000」

マイアミ・マーリンズ

●

出場試合数 143　シーズン安打数 95　通算安打数 3030

スマホ越しの声が弾んでいた。２０１５年10月6日、マーリンズがイチローとの契約延長を発表した。

「ゆがんだものを感じさせないチームメイトと一緒に戦う気持ち良さ、これさえあれば、しんどいことも我慢できます」

公式戦終了から2日後の電話取材だった。

ポカも多いが、無邪気で人懐こいマーリンズの面々。イチローが同僚を食事に誘うことは過去15シーズンで最も多かった。仲間の活躍をみんなで賑やかに祝う、素直で陽気な若者たち。再び彼らと一緒に戦うことができる。

「次の準備、オフの気の持ちようや過ごし方を含めて、こんなに早い段階で決まったことは大きく違います」

前オフ、キャンプイン約1カ月前に入団が決まったのとも対照的だ。入念な備えが生命線の彼にとって、約3カ月半の心理的、肉体的なアドバンテージもプラス材料だったのではないか。

同日夜、イチローの携帯電話に米プロフットボールリーグ（ＮＦＬ）、ニューイングランド・ペイトリオッツの司令塔トム・ブレイディからショート・メッセージが届いている。

どんなトレーニングをしているのか、機会があれば教えを請いたい、との内容だ。この時点でチームを4度のスーパーボウル制覇に導き、同ボウル3度のＭＶＰを獲得した現役最高のQB（クオーターバック）。数年前、イチローのルーティーンを詳細に紹介したニューヨーク・タイムズ紙の特集記事を読んで以来、強い興味を抱いていたという。友人アレックス・ロドリゲスからイチローの電話番号を入手し、早速の連絡を入れてきたのだった。

突然、身におぼえのないテキストを受けたイチローは、それがまさかNFL当代ナンバーワンの人気者本人からだとは知らず、「誰、お前？」と返信しそうになっていた。イチロー自身が自覚する、しないに関係なく、40歳を超えてもなおハイレベルで動けているという事実。そして絶対に崩れることのないそのルーティーンは、マーリンズ若手選手らの手本というだけでなく、各界のトップアスリートからも関心を持たれるようになっていた。

シーズン終了から5日後の10月9日、彼は本拠地マーリンズ・パークでオフシーズンの自主トレを開始した。練習の合間、雑誌の撮影で球場を訪れていた正二塁手ディー・ゴードンが、驚いた様子でイチローの動きに見入っていた。

イチローは2004年のオフ、休養目的で約1カ月のオーバーホール期間をつくったことがある。「でもそのとき、（練習再開で）久しぶりにキャッチボールしたら、肩がビリッと痛くなった。それ以来、ずっと（オフの間も）体を動かすようになりました」

例年、10月終わり頃に一時帰国し、神戸を拠点にトレーニングする。この年はマイアミから自宅のあるシアトルを経由し、約2日がかりで移動した翌日から積極的に体を動かした。最高の道具を使い、十分に手入れする。それはグラブやバットなど野球道具だけでなく、自身の肉体に対しても変わらなかった。

マーリンズでの2年目シーズンは、そうこうしている間に始まった。イチローは2016年をメジャー通算2935安打、日米通算では4213本で迎えていた。あと44本でピート・ローズのメジャー歴代1位の4256安打を、参考記録ながら超える。だがキャンプから開幕直後は、そこへの到達が心配になるほどだった。

オープン戦打率1割8分4厘は、2008年の2割1分1厘を下回る自己ワースト。公式戦で、やっと初めて守備に就いたのはチーム消化5試合目、4月11日メッツ戦8回だ。そして4月16日ブレーブス戦で「代打の代打」が告げられる。〝捨て駒〟としての起用は、少年時代を含めても初めてだった。

6回1アウト一、二塁で代打イチローが打席に向かおうとしたとき、相手ベンチが左腕にスイッチした。そこですかさずドン・マッティングリー監督が右打ちクリス・ジョンソンを送る。ただ後から振り返れば、この日こそがターニングポイントだった。

翌日同カード、0－5の局面で、イチローは6回守備からセンターに入った。そしてその裏の打席、ノーアウト一塁でセンター前ヒットを放ち、次打者2球目にシーズン初盗塁を決める。マーリンズはこの攻撃で3得点、さらにイチローは1点差の9回2アウト二塁でレフト前同点タイムリー。チームは延長戦で競り負けたが、劣勢の流れを変えた42歳の価値が、あらためて見直された。

この2日間で印象深かったのは、イチローの普段通りのふるまいだった。「代打の代打」宣告後、ベンチ横撮影ブースのカメラマンが「イチローさん、すごく悔しそうな表情で引き上げました」と知らせてきた。彼ほどのキャリアなら、その反応も当然に思えた。しかし翌朝、デーゲーム前のクラブハウスではまるで何事もなかったかのように、いつも通りの準備を始めていた。ストレッチローラーで太ももをほぐしながら、担当記者と雑談する雰囲気はこれまでと同じだ。無理に明るく装うふうもなく、それはこちらが戸惑うほどの自然体だった。

屈辱の16日ナイター、巻き返した17日デーゲームとも試合後クラブハウスが開放されたとき、イチローは既に帰宅していた。目前で打席を取り上げられた悔しさや、その翌ゲームで雪辱したときのリアクションや表情は何も分からないままだ。ただ、そういった生々しい感情に直接触れなかったことで、彼のポリシーをむしろ強く感じたような気がした。

どんな逆境に置かれても、やるべきことをやる。この執着と実践こそきっと、イチローのプライドなのだろう。実績に見合わない扱いを悲観しているヒマなどない。現役としての戦いは、何があってもそこで最善を尽くすことでしか成しえない。可能性がわずかでもあるのに諦めてしまうことが、イチローにとっての屈辱なのだと思えた。

本格反攻は、初めて2試合連続で先発出場した4月21日あたりからだった。ナショナルズのエース格マックス・シャーザーから2安打を含む3度の出塁。ライトの守りでも2度、右中間へのフライを滑り込みながら好捕した。4月29日ブリュワーズ戦1回にはメジャー通算500盗塁。この頃、リードオフマンを務めていた二塁ディー・ゴードンが禁止薬物使用により80試合の出場停止処分を受け、レギュラー外野陣も故障などで万全ではなかった。イチローの出番、存在感は増す一方だった。

5月23日レイズ戦ではこの年初の3試合連続先発で、2012年9月以来の3試合連続マルチヒットを記録した。3試合で計10安打は自身10年ぶり、マーリンズ広報によると42歳以上では20世紀以降初という。その事実を知らされたイチローは、「42歳とかもういいし。ほっとけや。やかましいわ」と笑いながら言った。潮目はここで、完全に変わっていた。

6月2日パイレーツ戦7回の二盗で日米通算700個目。センター守備では2回2アウト満塁で右中間の浅い飛球をスライディングキャッチし、4回は最深部フェンス際の大飛球を好捕した。打席では2試合ぶり複数安打など、3度の出塁でサヨナラ勝ちに貢献。

「僕は（走攻守）どれもできなきゃいけない選手だから、どれも気持ちいいです。どれかができない選手がそれをやったときは特別になる。（でも）僕は全部やりますから」

6月9日ツインズ戦では勝ち越し打を含む3試合連続2安打以上。ローズの4256本に日米通算であと「5」とし、突破は時間の問題となった。

〝ローズ超え〟カウントダウンに入った頃、アメリカの主要メディアもこぞって特集記事を載せはじめた。日米通算のとらえ方について、多くの識者はローズ本人と同様、「記録とはひとつのリーグ内で比べるもので、（日米）両方の数字を一緒にするべきではない」と正論を唱えたが、その数字が話題になったのはイチローの太く、長いキャリアゆえだった。

２００１年デビュー時に史上２人目の新人王、リーグＭＶＰの同時獲得。２００４年にシーズン最多安打を84年ぶりに塗り替え、前人未到の10年連続２００安打も成し遂げた。日本時代に匹敵するか、それ以上の業績は「最初からアメリカでプレーしていたら、どんなことになっていたのか」と見る者の想像力を刺激した。

同年代か、年下のオールスター常連のほとんどは既にユニホームを脱いでいた。残り少なくなった同世代の現役選手でも、かつて走攻守の万能ぶりを誇ったアレックス・ロドリゲスやカルロス・ベルトランらは、ほぼ打つだけが仕事の人になっていた。イチローの異次元の躍動は、ファンのイメージをより膨らませるように作用した。

〝ローズ超え〟の瞬間は6月15日、サンディエゴでのパドレス戦9回に訪れた。1回の内野安打で日米通算４２５６本としていたイチローのバットが、抑えフェルナンド・ロドニーのチェンジアップをとらえた。鋭い打球がライト線に抜け、バッターランナーが楽々と二塁に進む。直後、左翼上方の大型スクリーンに「4257」が浮かび、大きな拍手が湧き起こった。

試合は一時中断。イチローは二塁近辺でヘルメットをとり、体をゆっくり回転させながら声援に応じた。ゲーム後の会見で「ああいう反応をされるとね、すごく嬉しかった」と照れ気味のイチローだったが、〝ローズ超え〟には一貫してクールだった。

もともと、「日米通算という数字は、どうしたってケチがつくことは分かっていた」が、ローズ氏が喜んでいないことを伝え聞いていたことで、本人の気持ちも盛り上がらなかった。

「喜んでくれていれば（僕も気持ちが）全然違うんですよ。だから僕も興味がない。ここにゴールを設定したことがなかったので、実はそんなに大きなことという感じはしていないんです」

〝日米通算〟はどう扱われるべきと思うか。そう水を向けられたときも「どうしてもらっても構わない。好きなようにしてください」と笑いながら突き放した。

彼はプレーや動きの美しさだけでなく、自らが関わるストーリーの美しさにもこだわる。タフさと激しさで一時代を築いたローズは、年老いても荒々しさと子どもっぽさが抜けないままだった。あの時、メジャー最多安打記録保持者の貫禄と余裕が少しでもイチローに伝わっていれば、〝ローズ超え〟をめぐる物語は違うものになっていたのかも知れない。

「サッとやりたかったですね」。4256本のヤマが見えてから足踏みらしいものはなかったが、あえて彼はそう繰り返した。「言うても（リーチがかかって）3打席足踏みしてますから……。これを『サッとやってる』感覚なら、僕はここにいないんじゃないですか?」。

そしてこのシーズンの本当のハイライトは、まだ先にあった。

イチローは〝ローズ超え〟後も順調にヒットを重ねた。1番センターで先発した6月21日ブレーブス戦では2安打し、メジャー通算3000安打まであと18本。その時点でレギュラー以外では最多となる151打席を数え、打率3割3分3厘、出塁率4割2分7厘はチーム野手中のトップだった。

外野3つのポジションをそつなく守り、走塁でも相手にプレッシャーを与えつづける42歳は、もうマーリンズに欠かせない戦力となっていた。開幕前、年間打席数を200前後と予想していた地元メディアは、その働きを驚きまじりで讃えるしかなかった。

2016年前半の打撃で明らかだったのは、速球に負けないスイングだった。セーバーメトリクス系有力サイト「FanGraphs」のデータは、ストレート系球種への攻撃力偏差値が10年連続200安打の頃とほぼ変わらないことを示していた。イチローは例年、繊細な打撃のフィーリングと体の動きを同調させるまでに時間がかかる。それが2016年は序盤から噛み合っていた。

彼の打撃の特徴は、両手が振り出しギリギリまで頭の後ろに置かれている点だった。しかし、なかなか手が出てこないことで急な変化に対処しやすくなる一方、2011年以降は真っ直ぐに押し込まれるケースが増えていた。そこで対策として、手をスムーズに出しやすい構えを試してみたところ、「今までより早く出る」感じを得たという。

この微修正の収穫は、しっかり叩ける感触を持ちつつ、「手が出てくるのは最後の最後」という、以前からの長所が残っているのを映像で確かめられたことだった。手を早く、強く出せることで下半身の無駄な動きが省かれ、球を見る時間が長くとれるようになる。自ずと好結果が続く、というサイクルだった。

手が出てこないかたちが、体に染みついている。だから、意識的に振り出しを早めてもその利点が消えない——。頭の後ろに残る両手について、関連のエピソードを高校時代のチームメイトから聞いたのは2016年シーズンの前だった。

イチローが最上級生だった頃の愛工大名電高では、夜間練習として3mほどの距離からトスを上げ、それを遠くに打ち返すドリルが課されていた。同期のキャプテンだった高田広秀さんによると、その夜間練習にイチローが参加することはなく、ひとりウエイトルームで漫画を読むなどしてサボっていたという。

ある夜、たまたま皆が練習していた横を通りがかったイチローに、誰かが「たまにはやってみてよ」と声をかけた。すると彼はトスを上げる相手に「もっと速く」、「まだ遅い」

と要求し続け、最後には至近距離で上手から思い切り投げさせたという。「誰も打てそうにないメチャクチャ速い球を、涼しい顔でパカパカと誰よりも遠くに飛ばした。今でも昔のメンバーで集まったときは、『あのときは凄かったなあ』という思い出話になります」

小学校時代、緩い球と速球をミックスしたティー打撃を日課にしていた。この時期に培われたバッティングの原型、それに伴う神経系の発達は、最後まで彼の長いキャリアを後押しした。

身体能力、タフさも現役最年長野手とは思えなかった。この年、某テレビ局スタッフの手動計時では、ボールコンタクトから一塁までを平均３・８秒台で駆け抜けた。２０１５年オフのＭＬＢホームページ特集で、イチローは両リーグ５位に相当する平均３・98秒だったが、数カ月後にはそれよりも速くなっていたことになる。

７月17日カージナルス戦３回１アウトでの２打席目では、ショート前への弱いゴロで一塁を走り抜けた。そこでいったん内野安打とされた当たりは、リプレー検証によってショートゴロに差し替わったが、この場面では３・７秒を刻んだ。

試合後、タイムを伝えられたイチローは、「たぶん５年前と比べても速い。何でかと言われれば、よく分からない」と笑いながら首をかしげた。ナイター翌日のデーゲーム、プレーボール時の気温は35度以上。25歳のカージナルス先発マイケル・ワカは開始時から直球の最速が6㎞近く低下したうえ、5回を投げきれない。そんな地元の若手でさえへばるような酷暑で、42歳が3安打と盗塁で競り勝ちに貢献した。

大台までのカウントダウンが始まった頃から、イチローの試合後コメントは少なくなった。7月21日、敵地フィリーズ戦で2安打し2996本。翌日からの本拠地10連戦を前に、日米メディアは地元マイアミでの達成かと大いに盛り上がったが、本人は、「僕がそっち（メディア）側に寄って行くと思いますか？」と冷めていた。

「当たり前ですが10試合、もし（すべて代打で）10打席なら難しいですよ。先発で毎試合（出るの）とは、ぜんぜん意味が違うんでね」

周囲の熱気から一線を引くのは、過去の記録挑戦時と変わらない。結局マイアミでの金字塔はならず、シカゴ、デンバーと続く遠征にその瞬間は持ち越された。

「ホームで決めるというのが（他の）人が描いていたイメージだったと思うけど、そんなにうまくいくワケもなく……。それも（自分では）分かっていました。でも、これだけ長い時間、特別な時間を僕に（誰かが）プレゼントしてくれたと考えれば、この使われ方も良かったな、と思いますね」

ハイライトは8月7日ロッキーズ戦、7回1アウトでやってきた。最後に先発した7月29日カージナルス戦から8試合目だ。すぐにでも決めたい気持ちをこらえ、やるべきことに集中した時間が長かった分だけ、喜びも味わい深いようだった。

「（それまで3打席で凡退しても、ベンチで）誰も何も言わないのが嬉しかったですね。みんな（僕の）苦しさを察してくれている……。だからこそ、結果を出したいという気持ちがもっと強くなりました」

仲間のさりげない気遣いも、気持ちを動かしていた。

あの打席では、左腕救援クリス・ラスンの真ん中低めカットボールを完璧に振り抜いた。ライトフェンス直撃の三塁打は、福本豊氏の三塁打プロ野球記録115本を日米通算で上回る一打。その放物線は、デンバーの高い空によく映えた。

クッションボールが転がる間、イチローが伸びやかに二塁を蹴っていく。三塁には滑り込むことなく達した。インパクトからそこまでの約12秒間は、彼の切れ味としなやかさ、優美さがちりばめられたショーだった。

「僕にとっては3000という数字よりも、僕が何かをすることによって僕以外の人たちが喜んでくれる、そのことが何よりも大事でした。それを再認識した瞬間です」

4万8875人が埋めたクアーズ・フィールド。大観衆が総立ちで拍手を贈るなか、ショーの主役は三塁コーチスボックス付近でチームメイトに囲まれていた。日本で生まれ、日本で技術を培った者がこの時を迎えるのは、おそらく最初で最後になる。かけがえのない一瞬を待ちわびていたのは、日本のファンだけではなかった。

歴代3000安打達成者では、最も遅い27歳でのメジャーデビューだった。16シーズンでの到達はピート・ローズと並ぶ最速。42歳２９０日での節目は、20世紀以降ではリッキー・ヘンダーソンの最年長記録を４日更新した。

試合後、日米メディアによる会見は1時間近く続き、イチロー、弓子夫妻はチームとは別のチャーター機でマイアミに戻ることになった。自宅到着は午前3時半。未明のささやかな祝宴では、チームメイトから贈られたワインで乾杯した。

達成時のユニホーム、スパイクなどが米野球殿堂に提供されることになり、心境を問われたイチローは、「紅白歌合戦の審査員に、と最初の依頼があったとき、周りに『一生に一度あるかないかだ』と言われて出た。そしたらその後、毎年依頼がきた、みたいな」とおどけた。

２００1年に新人最多安打更新時の用具提供をためらい、その後悔から、自分の手で関連アイテムをそこに届けることができる状況を目指した。２００４年の年間最多安打更新時のものをはじめ、２０１６年までには相当数のイチロー関連アイテムがクーパースタウンに届けられた。３０００安打はまた、彼自身がその聖地に祀《まつ》られるための指定席切符でもあった。

人生初の「代打の代打」にも腐らず、健在ぶりを印象づけたシーズンだった。「いろんな意味で起伏がありましたけど、僕自身がやろうとすることは変わらなかったと思う」とイチローは言った。

加齢による衰え、というバイアスをはね返したV字回復はまた、彼がかねてから目標に掲げてきた「51歳まで現役メジャー」に現実味を持たせた。イメージを正確に体の動きに落とし込む能力、無駄を省いた動きを究め、現役最年長野手とは思えないパフォーマンスを維持している事実は、筋力が正義かつ、パワー全盛のメジャーリーグで異彩を放っていた。

一方、終盤までプレーオフ争いを演じたマーリンズは、投手陣に故障者が続いて失速した。プレーオフ進出は叶わず、9月25日にはエース右腕ホゼ・フェルナンデスが不慮のボート事故で逝去する。その日のブレーブス戦はキャンセルされ、試合前に予定されていた3000安打達成記念セレモニーも延期となった。

イチローの契約更新が発表されたのは10月5日。シーズン総括を兼ねた会見で、マッティングリー監督は、まもなく43歳となる外野手の働きを「肩もいいし、まだまだ走れる。良い結果を生み出してくれる」と目を細めながら振り返った。同年4月の「代打の代打」以後、同監督をはじめとした周囲の評価は180度変わっていた。しかし17年目、またも新たな壁が立ちはだかることになる。

2017
チームを覆う暗雲

マイアミ・マーリンズ
●
出場試合数 136　シーズン安打数 50　通算安打数 3080

イチローとその知人らを乗せた大型ＳＵＶが、マンハッタン中心街を出発したのは２０１６年10月11日午前7時だった。

ニューヨーク州北部、クーパースタウンへの訪問は7度目になる。ハイウェイをひたすら北上し、２度の休憩を挟む。昼前に到着、ジェフ・アイドルソン野球殿堂博物館館長とオツェゴ湖畔のレストランでランチをとる。ホットドッグ２本とフライドポテト、コーラのオーダーは過去６度と同じだ。そこから殿堂館内をひとめぐりし、広大な資料保管庫で先人たちの野球用具に触れるのもこれまで通りだった。

一般公開されているベーブ・ルースのユニホームを眺めながら、イチローが「50年後、60年後に僕らのユニホームは（未来の野球ファンに）どう見えるんだろうね」とつぶやく。資料保管庫では、戦前のスパイクを手に「こんなクツで40歳くらいまでプレーしていた選手がいた。僕らが40で現役やめたらおかしいでしょ」と言った。

短い旅行の終わり。空港への車中でアラン・ターナー通訳の携帯電話が鳴った。同僚外野手マルセル・オズーナが、オフ中の合同自主トレと、イチローのサイン入りバットを求めてきた。強いドミニカなまりの英語がスマホ越しに聞こえ、「（電話の相手が）すぐ分かったわ」とイチローは楽しそうだった。この約1週間前、マーリンズは早々に彼との契約更新を発表していた。イチロー周辺の多くの者たちはそのメジャー現役生活が、まだ何年も続くものだと思っていた。

そんな流れに影がさしたのは、2017年キャンプ序盤だった。開始5日目の2月21日。守備練習中にキャンプ招待選手と交錯し、右脚と腰を負傷した。

センターとライトの間に飛んだボールをどちらが捕るのか。センター役イチローが「I got it!」と叫べばライトが引く。そんな単純な確認ドリルだったが、ライト役が指示を聞き落として落下点に突っ込んだ。そしてその左膝が、捕球体勢に入っていたイチローの右太ももを直撃した。

イチローがうずくまったままの数秒間、現場は凍り付いたような空気に包まれた。ぶつかってきた相手を気遣い、イチローは「様子見です」と気丈に話したが、痛みで10日近くも全体練習に参加できなかった。

このアクシデントと前後し、複数の米メディアがマーリンズ球団売却の噂を報じた。2007年夏、マリナーズがイチローと5年総額9000万ドルの大型契約をかわした際、「リードオフマンの外野手に払いすぎだ」と辛口コメントしたマーリンズのデービッド・サムソン球団社長はその後、当の外野手の良き理解者となり、「イチローは50歳までプレーしたいと真剣に私に言った。1年ずつクリアしているし、彼ならできる」と壮大な挑戦をサポートする姿勢を明らかにしていた。だがオーナー交代となれば同社長以下の現幹部は去ることとなり、チーム大刷新は避けられない。不確定要素の暗雲は、この頃から漂い始めていたのだった。

公式戦が始まっても、なかなか調子は上向かなかった。4月17日から19日まで、マーリンズ選手として初めてシアトルを訪れたとき、初戦の前には3000安打達成を祝うセレモニーが催された。自身のボブルヘッド人形2万体が配られ、大勢の地元ファンが詰めかけた3戦目。最後の打席で同年初本塁打を右中間に叩き込み、「これだけ盛り上げてくれて、寂しい感じで帰りたくなかった。だから本当に打てて良かった」としみじみ話した。だが、その一発から約2カ月近くも打率は2割を超えなかった。やはりキャンプ中のケガが影響したか……。多くのメディア、チーム関係者はそう推測したが、実際は打撃フォームそのものに原因があった。

この前年、手を早く出せる構えがはまり、200安打を10年続けていた頃のようなバッティングが復活した。意識して手を早く出そうとしても、両手がぎりぎりまで頭の後ろにあるという、本来の持ち味は消えない。それはボールをとらえる瞬間の、左肩の理想的アングルが完成していた証しでもあった。

左肩が投手側に向きすぎると緩急、外角への対応力は下がるが、三塁側に向いたままでは始動が遅れ、速い球に押し込まれやすくなる——。その絶妙なバランスが、オフの自主トレ期間中から少しずつズレていた。そしてそのわずかな歪みに気付かないまま新シーズンは開幕し、迷路に入ってしまった。

イチローは、同年5月までの状態を「悪いことに磨きがかかっていた。感覚はそのままなのに、（伴う）結果が違うという現象が起きた」と振り返った。6月7日のカブス戦終了時で77打席中21三振。この時点の三振率27・3％は自己ワーストだった２０１４年の17・7％を大きく上回り、ファウルを含め右方向への打球が極端に増えていた。

バットの握り方にも変化があった。それまではグリップ部分を右手で包み込むようにしていたのが、２０１７年序盤はグリップエンドがはっきり見えるほど右手が上にあった。このかたちではヘッドが早く出せる一方、バットのしなりが利かなくなり、より大きな立体空間がカバーできなくなる。空振り激増と打球方向の偏りは必然だった。

レギュラー外野手が３人そろって好調で、出場機会が少なかったことも不振を長引かせた。４月の28打席は同月間で自己最少。違和感をおぼえつつ、試す回数が限られていたことで、なかなかメスを入れられなかったのだろうか。「これは違うな。何かを変えなきゃいけない」と決断したのはカブス左腕中継ぎブライアン・ダンシングに21個目の三振を喫したとき。最終的には腕の構えを変え、スタンスをやや狭めたフォームに落ち着くと、広角に打球がちらばり始めた。

７月は37打席で打率３割２分１厘、三振は２個。７月以降はセンターから左へのヒットが29本中21本。「ある面をそろえると全部がそろっていく。（僕の）バッティングは何かこう、ルービックキューブに似ている」。シーズン折り返し地点あたりで、やっとつかんだ最適解だった。

8月26日パドレス戦では、同年22本目の代打ヒットで同部門の球団記録を塗り替えた。同点の7回ノーアウト一塁、外角速球を鋭いライナーでレフト線いっぱいに落とす。「まあ、今年はこういう流れなので、(何も) ないよりはいいです」。本当はもっと打席に立ちたいし、守りでも役に立てる。だがレギュラー3人が健在では思うようにチャンスは回ってこない……。いろいろな我慢が、淡泊な反応と短い言葉から想像できた。

代打安打のシーズン記録はジョン・バンダーウォールの28本。しかし10月1日、最終戦のブレーブス戦でレフトファウルフライに終わり、あと1本で届かなかった。「2位じゃ駄目なんですよ。忘れ去られちゃう」

山あり谷ありの2017年を、象徴するかのような最終打席だった。2球であっという間に追い込まれたが、そこから8球粘った。そして凡退。ピンチを脱し、見せ場はつくったものの、完全燃焼には遠かった2017年。「運動不足だね。もう今日から (来季のための) トレーニングするわ」。乾いた口調で締めた。

マーリンズ譲渡がオーナー会議で正式承認されたのは9月27日。ヤンキース時代の同志デレク・ジーター氏が加わった新経営陣は11月3日、イチローとの契約を更新しない旨を明らかにした。チームをほぼ完全解体し、一から組織の基礎をつくる段階。核となる選手を見つけるまで、人材の入れ替わりが激しくなる状況で、43歳の経験値は優先度が低かったのだろう。

２０１６年公式戦終了間際、チームは不慮のボート事故でエース投手ホゼ・フェルナンデスを失っていた。何とかやり繰りしてその大きな穴を埋めようとしたが、現実は厳しかった。マーリンズは5月27日時点で借金13。少しずつ盛り返し、8月27日パドレス戦終了後には貯金3までこぎ着けたが、これが限界だった。そこから5連敗し、28日以降の10試合で1勝9敗。終わってみれば首位ナショナルズに20ゲーム差の2位だった。

もしフェルナンデスが健在ならば、マーリンズの戦いぶりや球団譲渡のタイミング、そしてイチローの去就もきっと違ったものになっていたのではないか。試合に出ることでしか、「道具やトレーニングが進歩しているのに、人間が進歩しないのはおかしい」という持論は証明できない。何事もデータが幅を利かせ始めた当時の米球界で、彼は絶滅寸前の希少生物のようだった。

オールスター前のＯＰＳ5割5分4厘に対し、後半は同7割6分3厘。打率も2割9分9厘と前年レベルに持ち直し、序盤の大スランプが加齢によるものではないと証明したが、メジャー最年長選手の行く先は分からないものになった。

2018
マリナーズ復帰

シアトル・マリナーズ
●
出場試合数 15　シーズン安打数 9　通算安打数 3089

イチローのマリナーズ入団会見が行われたのは2018年3月7日、キャンプも中盤に入る頃だった。

レフトのレギュラーを見込んでいたベン・ギャメルが右わき腹を痛め、開幕に間に合わない。2017年オフの早い段階で、イチローの代理人とマリナーズは話し合いを持ったが、本格交渉には進展しなかった。それがギャメル離脱で再燃。ほぼ同じタイミングでロイヤルズからオファーがあったが、イチローに迷いはなかった。

「またシアトルのユニホームでプレーする機会をいただいたことで、2001年にメジャーリーグでプレーすることが決まったときの喜びとは全く違う感情が生まれました。とてもハッピーです」

濃紺のスーツに身を包み、ひとつひとつの言葉を噛みしめるように話す。抑え気味なトーンがむしろ気持ちの高ぶりを感じさせた。

マリナーズは〝近くて遠い〟ホームだった。2012年7月、戦力立て直しが避けられないチーム状況を察し、「どちらにしても厳しい未来が待っているのなら、前に進む選択を」と移籍を申し出た。シアトルで現役を全うする、との願望を封印。だが心の底では、「いずれまた、ここ（マリナーズ）のユニホームでプレーしたい」という思いを消せないでいた。

「当たり前のようにあったものが、（実は）まったくそうではない、特別なものだったと、この5年半で感じました」

シーズン２００安打が続いていた２０００年代は、年毎に種類の違う壁が現れた。いずれもしんどい戦いだったが、それらは十分なプレー機会が与えられたうえでのものだった。だが２０１０年代途中からその挑戦権すら限られたものになり、「加齢による衰え」というバイアスにもまとわり付かれるようになった。

それまでで最も長かった神戸での自主トレ期間中、彼は「もし可能なら、整形手術を受けて、違う名前でどこかのチームと契約したい」と半分本気で言っていた。この冬のフリー打撃では例年以上に打球が飛び、外野ノックを追う動きも軽かった。だが世代交代が急速に進むメジャーリーグで、44歳外野手に興味を示すチームは少なかった。年齢でひと括《くく》りにされることのもどかしさと、マリナーズ復帰後の高揚は正比例していたように思えた。

練習合流初日の3月8日、ジェリー・ディポトGMは「開幕戦ではイチローを9番レフトで起用する。その後も週4から6試合で先発させる」と地元ラジオ局のインタビューに答えた。3月11日レッズ戦前、彼を乗せたカートがピオリア・スタジアムに入ったとき、客席のあちこちから「ＩＣＨＩＲＯ」コールが起こった。さらに初打席前には、オープン戦では滅多にないスタンディング・オベーションまで贈られた。

マーリンズでの最後の試合から、約5カ月が経っていた。長い長い冬が終わり、それまで溜まっていたエネルギーが一気に噴き出したかのように、古巣復帰直後はポジティブなことばかり続いた。あとはこの充実感をパフォーマンスに換えるだけ――。しかし、すぐ先に落とし穴が待っていた。

3月14日のジャイアンツ戦。肌寒いナイターで、イチローは右ふくらはぎを痛めた。異変を感じたのはプレーボール直前、レフトに向かって数歩踏み出したときだ。攻守交代で何とかベンチに戻ったものの、とても打席に立てそうにない。代打のマイナー外野手があたふた素振りを始めると、プレスボックスは騒然となった。

その夜以降、彼はアリゾナ州ピオリアの自宅に常設した10台もの初動負荷マシンを駆使し、懸命の回復を試みた。練習再開は3日後の17日。21日ブリュワーズ戦でオープン戦に復帰したが、守りでの1歩目が別人のように遅い。さらに23日、レンジャーズとの練習試合では頭部直撃死球のアクシデントに見舞われた。

キャンプ地では最後のオープン戦となった3月27日ロッキーズ戦後、イチローは「あのときに戻りたいというのはある。だけど、それは悪いことが起こったときはどんなときでもそうですから……」と口にした。過去、何が起こっても絶対に後ろを振り返らなかった彼が、弱気になっていた。

孤独で、先の見えなかった自主トレから、突然の朗報と予想以上の熱い歓迎。そしてまさかのケガ。短期間の激しいアップダウンがそのメンタルを揺さぶっていた。18年目オープン戦は10打数ノーヒット、2四球。やっとつかんだ大チャンスが、その手をすり抜けそうになっていた。

　そこから約24時間後。シアトルに帰ってから、再びのどんでん返しがあった。「こんなギフトがあるなんて思いもよらなかった。こんなに人の気持ちに応えたいと思ったのは久しぶりです。ここまで我慢してくれて、最終的にこの判断をしてくれた」

　開幕前日の練習中、レフトでフリー打撃の球を追っていたイチローにスコット・サービス監督が歩み寄る。数分間の会話。遠目に伝わる様子から、それは彼の開幕メンバー25人確定と推測できたが、実際は「9番レフトで先発」とそれ以上のものだった。

「20歳のとき、（オリックスの）仰木監督がそういう思いにさせてくれた。それに近い感覚があります。この判断、びっくりしました」

　開幕戦先発は2013年以来。万全にはほど遠い44歳を、あえてぶっつけ本番的に使う理由が何だったのかは今も分からない。ただイチローは首脳陣の賭けを心意気に感じ、恩師の思い出になぞらえた。


　3月29日、インディアンスとの開幕戦。超満員の大観衆が、総立ちの拍手でかつてのシアトルの顔を出迎えた。いま思えば、これが2018年一番のシーンだった。

　3月31日、同カード3回に左翼フェンス際の大飛球をジャンピングキャッチした。直後の打席では二塁内野安打でシーズン初ヒットとし、「この1本があるかどうか、ずっと分からないままこの冬を過ごしてきました。その意味で、重い1本になりました」と感慨を込めた。この試合では当時屈指の左腕リリーフ投手だったアンドリュー・ミラーからもレフト前ヒットをマークするなど、存在感は示した。だが走攻守トータルで貢献するという、彼本来の野球は戻っていなかった。

4月7日、ミネアポリスでのツインズ戦は開始時の気温が氷点下3度を記録した。そんな悪条件下で2安打したが、レフト守備ではジョー・マウアーの打球を追い切れずに二塁打としてしまう。そしてこのゲーム7回からは、若手外野手ギレルモ・へレディアが彼の守備位置に就いた。4月だけで同様の途中交代は6度。予定よりも早くベン・ギャメルが復帰すると、出場機会そのものが激減した。

最後のヒットは4月22日、敵地でのレンジャーズ戦4回1アウトでのショート内野安打だった。そして5月3日には球団会長付特別補佐就任が発表され、同シーズン中の選手としてのプレーはいったん休止となった。

ロッカー位置はそのまま。練習も従来通り参加し、遠征にも同行するが、ベンチには入れないという、前例のないポジションだった。ディポトGMは2019年以降の現役続行に含みを持たせ、イチロー自身も「これは引退ではない」と明言した。幕引きにありがちな湿っぽい空気は一切ない。

「大好きなチーム、大好きなチームメイト。そのチームがこの形を望んでいるのであれば、それが彼らの助けになるのであれば、喜んで受けたということ。喪失感みたいなものはないですね」

5月2日アスレチックス戦にレフトで先発したのが同年最後の出場だ。2度目のマリナーズ生活では、かつて〝エリア51〟と聖域化されたライトの守備に就くこともほとんどなく、往年のヒット量産も見られなかった。だがイチローは、再びそのユニホームで戦えたことを、むしろ晴れやかな顔でこう振り返るのだった。

「この18年の間で最も幸せな2カ月でした。マリナーズと契約してから、毎日がギフトを贈られているようでした。とにかく毎日球場に来ることがハッピーで、その気持ちを噛みしめていました」

取材者として、異例の肩書をどう受け止めるべきか分からなかった。ただ初夏の風が吹き始めたというのに、イチローがふたたび野球選手としての冬に入ったことは理解できた。そしてそこでの戦いは、彼がこれまで経験したことがない、長く、厳しいものだった。

2019
「イチロー、ユニホームを脱ぐ……」

シアトル・マリナーズ
●
出場試合数 2　シーズン安打数 0　通算安打数 3089

イチローの究極の強みは、自分を信じる能力ではないか。1994年から取材を始めて以来、なぜ彼があそこまでのパフォーマンスを重ねられるのかを考えてきた。幼い頃から「できっこないよ」と周囲に笑われながら、夢を実現し続けたのは、やるべきことに迷いがなかったからではないか。まだ無名の頃、オリックス一軍コーチの指導に従うか、さもなくば二軍行きか、で後者を選んだのもそうだ。あの周到な準備も、その方法が最善と信じ切れるからこそ可能ではないのか。

2018年5月3日の会長付特別補佐就任以降、同シーズン中の試合出場は叶わなくなった。新しい肩書での義務は何もなく、どう過ごすかは本人に一任されていた。そこで彼がとった行動は、自ら設けたルールに忠実であること。選手でも、コーチでもない。ゲームには出場できないが、現役復帰を目指して練習を続ける、という不思議な状況は、彼の「自分を信じる」能力をより分かりやすくした。

起床時間、食事内容やその順番は変わらなかった。本拠地での球場入りも、それまでと同じプレーボール約4時間半前だ。全遠征に同行し、全体練習にも参加した。チームが勝つと選手、首脳陣がマウンド付近で仲間を出迎える。各チームおなじみの光景には5月以降もイチローの姿があった。

きちんと着こなしたユニホームに、膝までたくし上げたパンツ。リストバンド、打撃用手袋も着けたままだ。まるで直前までプレーしていたかのような雰囲気を漂わせ、同僚たちとハイタッチする。「野球選手としての正装でいること」は、再びプレーヤーに戻るための、彼なりのルールだった。

「全部自分に任されている。極端に言えば僕は別にここ（球場）に来なくてもいい。でも、そうしてしまうと自分の気持ちも、チームメイトの気持ちも（互いに）離れてしまうと思いました」

アラン・ターナー専属通訳は2018年を通じ、試合中にイチローが椅子に座っているのを見たおぼえがない。というのも、「（チームの試合中）椅子を使わないこと」もルールのひとつだったからだ。若い選手たちの話を聞き、練習相手として彼らに付き合いながら、試合前から一塁ベンチ裏ケージにこもりきりで初動負荷トレーニングやティー打撃を行った。室内練習場のない敵地ではロッカールームでストレッチ、素振りなどを繰り返す。選手は試合が始まるとくつろぐ瞬間がない。ならば同じように、張り詰めた空気の中で過ごすべき、ということだった。

試合前フリー打撃では、全投球の40％以上を柵越えすることを自らに課した。まだ戦力になる。そう周囲に再考させるためのルール。「春（4月）とは違う状態を見せる。僕がやらなくてはならないことの最低条件。（練習でも）皆が見ている前で『結果』を出さなくてはいけない」

当時イチローが組み込まれた、打撃練習3番手グループ担当打撃投手の球筋には、手元で鋭く動く、独特のクセがあった。キャンプ合流当初はそんなクセ球にタイミングを合わせられなかったが、5月半ばには高確率で捉えられるようになっていた。「バッティングピッチャーを〝攻略〟した。表現はおかしいですが……」

日ごと飛距離を増す打球にコーチ陣は感心し、球宴前日のホームランダービーに推薦した。その後メジャーリーグからの参加要請には断りを入れたものの、選手ではない者には異例のリクエストだった。

シーズン終盤はアメリカで初めて打撃マシンを使用した。オリックス時代途中から使わなくなったのは投球のタイミング、コースが同じで、「悪いかたちでも打ててしまう」からだったが、その十数年後の米国製マシンはそれなりに進歩していた。球種やコース、速さが自在に調整できるうえ、皆が打ち古してボロボロになったボールが不規則に動く。「どこにくるか分からない。でも（球筋が）安定しないから、（むしろ実戦向きの）いい練習になる」

若手の早出特打で打撃投手を買って出たときは、指先の送球感覚を意識しながら投げた。チームメイトのフリー打撃中、外野で球拾いする際は実戦を想定して打球を追った。

5月3日以降、「一日が終わったときにはクタクタになっている」目標は達成され、「やけに寝付きが早かった」という。5月のあの日以降、ボールとバットに触れている時間すべてが、イチローにとっての〝試合〟だった。その約5カ月間を、彼は「信じてやっていける自分をつくる作業」とも言い換えた。

何事も本気で取り組まなければ、伝わるものも伝わらない。チームの雰囲気を明るくするための「イタズラ」にも、その姿勢はうかがえた。6月21日、敵地でのヤンキース戦。黒いパーカーにサングラス、付け髭姿でベンチに座るイチローがいた。

「やるからにはあの場所と、あのタイミングしかなかったね」。過去、メッツを率いたボビー・バレンタイン監督（元ロッテ監督）が退場宣告後、付け髭の変装姿でベンチに戻り、大リーグ機構から後日罰金を命じられた事件があった。その一件を絡めて笑いを誘い、連敗中で沈みがちなムードを変えようとした。

仕掛ける場所はニューヨーク、サングラスが不自然に思われないデーゲーム。相手チームを侮辱したと受けとられないよう、自分のチームが不振のときに限る。そして選手、首脳陣や球団関係者には、前もって知らせないこと——。

監督には以前から、何かのかたちでチームを盛り上げてほしいと頼まれていた。その一瞬のためにサングラスとパーカー、黒いスパイクを新たに用意し、付け髭は20もの候補から選んだ。「やるときは徹底してやらないと？　そりゃそうです。中途半端では（何も）できないでしょ」

時間と手間をかけた備えが、日の目を見ない可能性は十分あった。しかし、それらが報われないから無駄だと考えないのがイチローだった。「だって、準備することはできるじゃないですか。準備したことがすべて報われる、って、そりゃ違うでしょ」

変装事件をめぐるやりとりから、彼が以前から話していた準備と結果の関係を思い出した。「できる限りの準備をしたとしても、良い結果が出るかどうかは分からない。だから、野球は面白いんですよ」


マリナーズがイチローとのマイナー契約を発表したのは、2019年1月24日だった。そして2月16日のキャンプ初日、彼は再び現役選手となった。

「僕にとって大きな記念日。選手と呼ばれるのは気持ちいい」

10カ月近くも試合から遠ざかった45歳が、たった2、3週間で実戦感覚を取り戻せるのか。周囲のそんな心配を先回りするかのように、すっきりした顔でこう言った。「誰かがやったことがあるものよりも、誰もがやったことのないほうに飛び込んでいく選択。それは常々やってきた。今回もその一つです」

彼が戦いを挑んだ相手は敵、味方の選手だけでなく、「どんな選手でも必ず加齢とともに衰える」という既成概念であるかのようだった。「道具やトレーニングは進歩しているのに、人間が進歩しないのはおかしい」。シーズン200安打をクリアしていく戦いは、いつからかそんな持論を証明するミッションに変わっていた。

日本球界と比較にならないほど、米球界のタレント層は厚い。世代交代の流れも段違いに速いが、そんな激流のなかで45歳が抗っていた。「さすがにもう無理だろう」と囁く声をよそに、彼は最後まで自分を信じ続けた。その姿はまるで、巨大な風車に立ち向かう騎士のように思えた。

オープン戦で、本来のバッティングはついに戻らなかった。キャンプ初期のフリー打撃では、体を低く沈めるようなフォームから大きな当たりを連発したが、実戦が始まると打球方向が右に偏り、空振りが目立つようになった。それらは状態が悪いときの顕著な傾向で、東京遠征前のキャンプ地最後のオープン戦となった3月13日ジャイアンツ戦終了時点で25打数2安打、18打席連続ノーヒット。ゲーム勘を取り戻せていないのはもう、誰の目にも明らかだった。

キャンプで健在ぶりをアピールできれば、日本開幕戦シリーズ終了後のベンチ25人入りという奇跡が起こっていたかもしれない。しかし現実はそのように運ばず、東京への出発までに彼はユニホームを脱ぐ決意を固めていた。

取材者として、イチローの現役引退が確実と分かったのは3月19日、アスレチックスとの開幕戦前日だった。両チームとも完全オフだったこの日、イチローと彼の練習をサポートしてきたスタッフらは、東京ドームで最後の自主トレを行っていた。締めのメニューとなるフリー打撃が終わると、彼らは外野に散らばったボールを泣きながら拾い集めた。そしてガードマンほか球場係員らにいぶかしがられないよう、全員がサングラスをかけたまで引き上げた。

「イチロー、21日アスレチックス戦を最後にユニホームを脱ぐ……」と続く、共同通信速報が流れたのは3月21日午後7時頃、開幕戦シリーズ第2戦の序盤だった。四半世紀以上も追い続けてきた取材対象の、重大な節目を誰よりも早く伝えたい。そんな強い欲求と、彼がそれまで最も大事にしてきた試合前の準備を、これまで通りに行ってもらいたい、との思いが交錯した3日間だった。

もし引退が分かった時点で即座に報じていれば、開幕前から大騒ぎになっていただろう。ただ3月21日は菊池雄星のメジャー初登板日でもあり、その集中を乱すような状況も避けたかった。結局、「プレーボールがかかり、菊池が1球目を投げてからニュースを流してほしい」と、編集責任者に我がままを受け入れてもらうかたちになった。ニュース記者として「甘い」と言われても仕方ないが、イチローには最後の最後まで、「信じてやっていける自分をつくる作業」に没頭してほしかった。

最後のゲームが深まるにつれて、歓声の熱量が大きくなっていく。イチローの日米通算14832打席目は、もうすぐそこに迫っていた。

エピローグ

あっ、これはくるな……。そう思った瞬間、やっぱりきた。

「声が小さいですね。もう一度（質問を）お願いします」

２０１９年3月21日深夜、東京ドームホテルでのイチロー引退会見。これまでルーティーンに費やしていた時間を、今後は何に使うつもりなのか。質問者がそう言い終わる前から、かぶせ気味に返された。

こちらが何か聞こうとしたら、きっとそう言おうと決めていたに違いない。というのも、彼の試合後の取材は「声が小さい。聞こえない」と、ジャブを入れられて始まることがよくあったからだ。これまで通りの対応は、最後のささやかな心遣いだったのか。

振り返れば、イチローはひとすじ縄でいかない取材対象だった。試合前、試合後にかかわらず、よく彼はこちらの質問意図を先読みするかのようなコメントを返してきた。それらの言葉は難解、または短すぎて記事にしづらいものばかり。「読者、視聴者にウソはつきたくない」との理由から新聞、テレビでは使用禁止すれすれのセリフを口にすることもあった。自分にも質問相手にも正直でありたいから、ステレオタイプな対応でメディアとの関係を丸く収めようとしない。それが取材に対する誠意だと、彼は考えていたようだった。

最初の洗礼はオリックス担当1年目、1994年の初夏だった。ある地方球場でのナイター後、「何を見ているんですか。練習でしかつけてないですよ」とキツい一撃を食らった。問題となったこちらの振りは、右足甲に装着するプロテクターを「今日はゲームでつけていなかったの？」だった。

その夜、仰木監督のぶら下がり取材を終えて記者席に戻ろうとしたとき、帰り支度中のイチローと偶然1対1になった。それまでの活躍ぶりで既に重要マーク選手となっていた彼と、2人きりになるチャンスは滅多にない。他社の記者がいない間に何か聞かなきゃ……。たまたま彼がバッグにしまいかけたプロテクターが目に入った。そこで焦りまくって投げた質問だった。

トボけた問いの後、何とも後味の悪い空気が漂った。なかなか寝付けない夜だった。翌日の球場到着後、真っ先に謝りにいった。「これからしっかり見ます。昨日はすいませんでした」。彼はすっかり前夜のことは忘れていたようで、一瞬何のことかと戸惑うような顔をした。ともかくその一件以降、イチローの前では常に気持ちが張りつめた。

2005年6月、ワシントンDCでのナショナルズ戦後には「長い間（担当記者を）やってきて、そんなこと聞きますかね」と強烈なアッパーカットをもらった。その時は、彼が取り組んでいた始動タイミングの微修正を見抜けなかったこと、当時のバッティングの状態について強引にコメントを引き出そうとしたことが原因だった。

ごくたまに発する、その人となりや思考が垣間見える言葉やエピソードを書き溜め、少しずつ取材者としての知識を増やす。その積み重ねで、ある程度お互いのことを分かるようになってもインタビューが簡単になることはない。むしろこちらが新たに知り得た分だけ、ハードルを上げられていく実感さえあった。ただ、ずっとそんな緊張関係にあったからこそ、20年以上ひとりの選手を追い続けることができたのだろう。

イチローの言葉や行動、試合でのプレーぶりなどをできるだけノートに書き残していく。その作業は２０００年後半、マリナーズ入団前から始まった。アメリカへの転勤が決まった頃、ＵＳＢメモリーなどのデータ保存用器具は普及していなかったし、試合後の慌ただしいなかでは、取材ノートを手元に記事を書き上げるのが一番速かった。

１冊目は６号サイズ（１７９ミリ×２５２ミリ）、１００頁もの分厚いノート。２冊目以降は３号サイズ（１４８ミリ×２１０ミリ）、30頁と小ぶりになった。途中から小分けにしたのは、大容量ノートでは万が一の紛失や損傷によるリスクが大き過ぎると考えたためだ。

特にロードゲーム取材は余裕のないスケジュールで動くことがほとんどで、予期せぬことが連続する。連日深夜までの記事送信や早朝移動などの疲れで、忘れ物も増える。彼がシーズン最多安打記録を塗り替えた2004年あたりから、取材ノートを守っていくことは大切な仕事のひとつになっていた。

それぞれのノートには、空白ページや文字が崩れて読みづらい箇所がある。それらはおそらく疲労困憊《こんぱい》でその日の出来事などを書ききれなかったか、寝落ちした痕跡だろう。いま読み返すと、しんどかったあの頃が蘇ってくるようで懐かしい。

休んでる場合じゃないな……。ふと感じ、2009年以降はイチローが出場している全試合をカバーした。オフシーズンには一時帰国し、神戸や東京での自主トレにも可能な限り足を運んだ。

イチローほどに興味深いアスリートにめぐり会える幸運、20年以上も長期観察できるラッキーは、この先もうないだろう。いま思えば、もっともっと早く気付くべきだった。

現役選手としての最後を記録したノートは51冊目だった。彼の背番号と同じ区切りは、意図したものではない。新品をおろしたときは、その選手生活がまだ終わらないと思っていたからだ。

何が起こるか分からないイチロー取材は、先の読めない冒険のようだ。道のりは険しくても、いつもそこには何かのかたちで発見がある。

あの東京ドームでの会見後も、彼の「野球の研究家」としての活動は続いている。イチローにしかできない、新しいかたちでの取り組みを記していく日々も、まだ終わりそうにない。

著者のイチロー取材が記されたノート。

カバー写真	杉山拓也
化粧扉、P9 写真	佐貫直哉
装丁	増田寛
ＤＴＰ制作	エヴリ・シンク

小西慶三（こにし・けいぞう）

1966年、大阪府生まれ。関西学院大学卒業後、1991年に共同通信社に入社。1994年から2年間オリックス担当で本格的に野球記者としてスタート、その後西武などを担当。2000年12月からシアトル支局。2001年から全米野球記者協会（BBWAA）の会員となり、2002年には日本人記者で初めてサイ・ヤング賞の投票を行った。現在シアトル在住。

初出　『Sports Graphic Number』1000 ～ 1027
　　　単行本化にあたり、加筆・修正を施しています。

イチロー実録《じつろく》 2001-2019

2021年10月10日　第1刷発行

著　者　小《こ》西《にし》慶《けい》三《ぞう》
発行者　松井一晃
発行所　株式会社　文藝春秋
〒102-8008　東京都千代田区紀尾井町3-23
電話　03-3265-1211
印刷所　凸版印刷
製本所　凸版印刷

ISBN978-4-16-391448-0